알아두면 쓸모 있는
컬러 잡학사전

익숙한 색에 숨은 과학 이야기

알아두면
쓸모 있는
컬러 잡학사전

이리쿠라 다카시 지음

안선주 옮김

유엑스리뷰

머리말

갓 태어난 아기는 앞이 희미하게 보일 뿐 색을 식별하지 못할 정도로 시력이 낮습니다. 생후 6~7개월이 될 무렵 시력이 0.1을 넘어 비로소 형태와 색을 구별할 수 있게 됩니다. 사람은 성장하는 동안 많은 색을 식별할 수 있게 되고 덕분에 우리는 주위가 다양한 색들로 가득 차 있음을 알게 됩니다. 특히 동물과 식물의 색은 다채롭습니다. 우리는 경험이 쌓이며 각각의 물체에는 특유의 색이 존재한다는 사실을 깨닫습니다.

실제로 물체 표면이 색으로 물들어 있는 것은 아닙니다. 물체 표면에는 잘 반사되는 파장의 빛과 잘 반사되지 않는 파장의 빛이 있을 뿐입니다. 우리의 눈[眼]과 뇌는 반사되는 빛을 이용하여 마치 물체가 색으로 물든 것처럼 보이게 합니다. 다시 말해 뇌가 물체에 색을 칠합니다. 이러한 구조로 만들어진 다양하고 미묘한 색의 차이가 빚어내는 세계는 우리 생활을 다채롭게 만들어 줍니다. 참으로 신기한 일입니다.

　눈의 구조와 뇌의 정보처리는 간단한 것부터 복잡한 것까지 동물마다 다릅니다. 따라서 동물이 보는 색과 사람이 보는 색은 같지 않습니다. 그렇다면 동물은 어떻게 색을 볼까요? 뇌를 거쳐 만들어진 실존하지 않는 색이 어째서 그렇게 보이는지를 새삼스럽게 따져 보면 쉽게 설명이 되지 않습니다. 붉은 피가 흐르는 혈관은 왜 파랗게 보일까요? 귀뚜라미나 청개구리처럼 초록빛을 띠는 동물은 많지만 왜 포유류 중에는 없을까요? 백인의 피부는 왜 하얄까요?

　또, 사람의 마음과 동물의 몸은 뇌가 만들어 낸 색의 영향을 받습니다. 스포츠 경기에서는 정말 빨간 유니폼이 파란 유니폼보다 승률이 높을까요? 사람들은 왜 주택가에 걸린 붉은 간판은 싫어하고 단풍의 붉은색은 좋아할까요? 초록빛과 파란빛을 비춘 양식 가자미는 왜 빨리 성장할까요?

　이 밖에도 색과 관련된 수수께끼 같은 이야기가 많습니다. 이 책에서는 그중에서도 저에게 흥미롭게 다가온 현상을 엄선하여 과학적 근거를 바탕으로 그 이유를 알기 쉽게 설명했습니다. 항목별로 테마가 정해져 있으므로 관심이 가는 분야부터 읽으셔도 됩니다. 이해를 돕기 위해 같은 설명이 반복되는 부분이 있음을 미리 양해 바랍니다. 독자 여러분에게도 흥미롭게 다가갈 만한 이야기로 가득 채웠습니다.
이 책을 통해 색에 대한 여러분의 흥미가 더욱 깊어지기를
바랍니다.

목차

5   **머리말**

프롤로그

13   우리가 보는 색의 정체는 빛이었다!

17   생존을 위한 눈의 진화

18   빛의 파장을 색으로 인식하는 과정

1장   빛나는 색의 비밀

✦ 눈에 보이는 세계는 실제와 다르다

22   투명해 보이는 피부의 비밀은 뭘까?

25   혈관은 왜 푸른색으로 보일까?

28   어떻게 빨간빛으로 혈액의 산소 농도를 측정할까?

31   왜 검은색 물건이 더 무겁게 느껴질까?

34   정말 시야 바깥쪽으로 갈수록 색이 안 보일까?

37   왜 수술복은 초록색이나 파란색일까?

40   사람들은 어떤 색을 좋아하고 싫어할까?

43   왜 빨간색은 저녁이 되면 눈에 잘 띄지 않을까?

46   피곤하면 색이 잘 보이지 않는다는 게 사실일까?

49   초록빛은 왜 가장 밝게 보일까?

2장 색을 바꾸기만 해도 행동이 달라진다

✦ 생활 습관도 마음도 색에 달렸다

54 정말 색에 따라 경기력에 차이가 날까?

58 화이트 와인을 빨갛게 물들이면 레드 와인 향이 날까?

61 자외선은 피부에 어떤 영향을 미칠까?

63 생활권은 색의 식별 능력과 무슨 관계가 있을까?

66 파란 눈에는 파란 색소가 있는 걸까?

69 블루라이트는 정말 눈에 해로울까?

72 색의 연상 작용은 일상에서 어떻게 활용될까?

75 왜 나라마다 신호등 색의 배열과 점등 순서가 다를까?

77 파란빛은 어떻게 체내시계를 움직일까?

79 식탁에는 어떤 색 조명을 다는 게 좋을까?

81 그릇의 색이 맛에 영향을 미칠 수 있을까?

3장   동물의 색에는 나름의 이유가 있다

✦ 색은 말로 할 수 없는 메시지를 담고 있다

86   동물의 몸 색깔에는 어떤 이유가 있을까?

90   포유류 중에는 왜 초록색 동물이 없을까?

93   북극곰은 왜 하얗게 보일까?

95   안내견은 인간의 눈을 완전히 대체할 수 있을까?

98   번식기의 수컷 새는 왜 화려한 색을 띨까?

101   '휘파람새색'은 무슨 색일까?

103   플라밍고는 왜 분홍색일까?

106   호랑나비 번데기는 어떻게 색으로 몸을 보호할까?

109   비단벌레는 왜 반짝반짝 빛날까?

112   곤충의 피는 왜 빨갛지 않을까?

114   반딧불이는 왜 빛을 낼까?

116   왜 육지와 바다의 발광생물은 서로 다른 빛을 낼까?

119   해파리는 어떻게 파란빛으로 천적을 퇴치할까?

122   문어는 색깔을 구별할 수 있을까?

125   초록빛과 파란빛을 비춘 가자미는 왜 빨리 성장할까?

4장   색에 숨겨진 식물의 지혜

✦ 동물보다 야무진 종의 보존

130   광합성에 초록빛을 사용하면 숲은 어떤 색이 될까?

133   수박 줄무늬는 왜 검은색일까?

136   잎상추는 왜 빨간빛과 파란빛을 교대로 비추면 잘 자랄까?

139 꽃은 어떻게 색으로 자외선을 피할까?

142 관엽식물을 실내에서 키우려면 빛이 얼마나 필요할까?

145 나무의 단면은 왜 두 가지 색일까?

148 씨앗은 왜 빨간빛을 감지할까?

151 식물은 어떻게 빨간빛을 느낄까?

153 열대 지방에는 왜 크고 빨간 꽃이 많을까?

156 하얀 무를 익히면 왜 투명해질까?

158 수중에서 광합성을 하는 해조는 왜 초록색이 아닐까?

5장 색의 과학이 사회를 바꿔나간다

✦ *삶은 더욱 풍요로워진다*

162 오로라의 오묘한 색은 어떻게 생길까?

165 세계지도를 칠하려면 몇 개의 색이 필요할까?

168 산호초 해변의 바다는 왜 에메랄드색일까?

174 멀리 있는 산은 왜 희뿌옇게 보일까?

177 공장의 굴뚝은 왜 빨간색과 흰색으로 칠할까?

180 고층 빌딩 옥상의 등은 왜 빨갛게 깜박일까?

182 왜 빨간색은 다른 색보다 빨리 바랠까?

185 왜 청색 LED 없이는 백색 LED도 만들 수 없을까?

188 왜 월식 때는 달이 붉어질까?

191 **맺음말**

🔺 우리가 보는 색의 정체는 빛이었다!

　　머리말에서 '물체 표면이 색으로 물들어 있는 것은 아니다. 잘 반사되는 파장의 빛과 잘 반사되지 않는 파장의 빛이 있을 뿐이다. 우리의 눈[眼]과 뇌는 반사되는 빛을 이용하여 마치 물체가 색으로 물든 것처럼 보이게 한다'라고 이야기했습니다.

　우리 눈에 보이는 빛이 실은 전파와 같은 부류라고 하면 의아하게 여길 수도 있겠지만, [그림 1]과 같이 빛은 전파나 X선처럼 전자파의 일종입니다. 사람이 밝기를 느낄 수 있는 빛, 즉 가시광의 파장은 약 380~780나노미터(1나노미터=10억분의 1미터) 범위의 전자파입니다. 빛의 파장은 매우 짧습니다. AM 라디오 방송에 사용되는 전파의 파장이 약 100미터이니 빛의 파장은 전파에 비하면 훨씬 짧다는 것을 알 수 있습니다.

지상에 내리쬐는 태양의 전자파에는 여러 가지 파장이 포함되어 있습니다. 태양광 에너지는 대략 빛 52퍼센트, 적외선 42퍼센트, 자외선 6퍼센트로 이루어져 있습니다.

프리즘을 통해 태양광을 굴절시키면 [그림 2]와 같이 무지개색을 띤 빛으로 나뉩니다. 이렇게 색깔별로 빛이 나뉘는 것을 '분광'이라고 합니다. 프리즘은 삼각기둥 모양의 투명한 유리입니다. 빛은 파장이 짧을수록 크게 굴절되고 길수록 덜 굴절되는 특성이 있습니다. 크게 굴절되는 순서대로 나열하면 파랑, 청록, 초록, 황록, 노랑, 주황, 빨강이 됩니다. 비가 그치면 공기 중에 떠 있는 물방울에 빛이 굴절되어 분광된 현상으로 무지개가 나타납니다. 무지개의 색도 프리즘과 동일한 순서로 나타납니다.

우리는 공기의 진동을 소리로 느끼고, 진동 속도(주파수)의 근소한 차이를 미묘한 음정의 차이로 느낄 수 있습니다. 공기는 단순히 진동할 뿐 공기의 진동 자체에 소리가 있는 것도 음정이 있는 것도 아닙니다. 우리가 공기의 진동을 소리로 느끼고 주파수의 차이를 음정의 차이로 느낄 수 있는 이유는 사람의 귀와 뇌가 그러한 구조로 되어 있기 때문입니다.

우리는 소리와 마찬가지로 전자파의 파장을 빛으로 느끼고, 파장의 근소한 차이를 미묘한 색의 차이로 느낄 수 있습니다. 빛은 전파와 같은 전자파의 일종으로, 빛 자체에 색이 있는 것이 아닙니다. 사람의 눈과 뇌가 빛을 보고 빛이 가진 파장의 차이를 색의 차이로 느낄 수 있는 구조로 되어 있는 것입니다. 빛과 색에 관한 연구의 선구자인 뉴턴이 '광선은 색에 물들지 않는다'라는 유명한 말을 남긴 것처럼 말입니다.

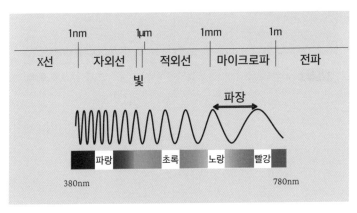

[그림 1] 전자파의 파장과 분류. 빛은 전파와 X선 등과 같이 전자파의 일종이다. 적외선과 전파는 빛보다 파장이 길고, 자외선과 X선은 짧다. 빛의 파장은 약 380~780나노미터이고 파장에 따라 색이 변한다.

[그림 2] 프리즘의 분광. 크게 굴절되는 색부터 나열하면 파랑, 청록, 초록, 황록, 노랑, 주황, 빨강 순이다. (사진 출처: Aflo)

알아두면 쓸모 있는 컬러 잡학사전

▲ 생존을 위한 눈의 진화

눈[眼]이 있는 가장 오래된 동물 화석은 삼엽충입니다. 삼엽충은 지금으로부터 약 5억 년 전 캄브리아기를 대표하는 바다 생물로, 오늘날의 곤충처럼 겹눈 구조의 눈을 가지고 있었습니다.

캄브리아기 무렵부터는 대륙붕의 얕은 여울에 다른 동물을 먹잇감으로 삼는 동물이 출현했습니다. 고도의 눈이 있으면 움직이는 동물을 잡는 데 유리합니다. 먹히는 쪽도 눈이 있으면 포식자를 발견하고 도망칠 수 있습니다. 동물을 먹잇감으로 삼는 동물이 출현하면서 눈은 급속도로 발달했습니다. 눈의 발달로 이 시기에는 '캄브리아기 대폭발'로 불리는 동물의 다양한 진화가 일어났습니다.

형태만 지각할 수 있었던 동물의 눈은 이후 색각을 갖추었습니다. 형태뿐만 아니라 색을 지각하려면 복잡한 구조의 눈과 고도의 정보처리 능력을 갖춘 뇌가 필요합니다. 동물이 이 정도로 색을 식별할 수 있게 된 것은 그만큼 이점이 있기 때문입니다. 색을 통해 얻는 정보는 적을 재빨리 발견하고 먹잇감을 놓치지 않는 데 유리하게 작용할 수 있습니다. 이것이 바로 동물이 색각을 발달시킨 이유입니다.

▲▲ 빛의 파장을 색으로 인식하는 과정

우리 주위에 있는 물체는 다양한 색을 띠고 있습니다. 왜 물체에 따라 색이 다르게 보일까요? 안구 안쪽의 망막에는 빛을 포착하는 센서 역할을 하는 많은 시각 세포가 있습니다. 눈 한쪽에 약 1억 개가 존재하는 시각 세포는 빛을 생리적인 전기 신호로 변환하여 그 정보를 신경 세포로 보내는 역할을 합니다.

밝은 곳에서 작용하는 시각 세포인 추상체에는 3종류가 있습니다. 파장이 긴 빛(빨강)에 감도가 높은 L추상체(적추상체), 중간 정도 파장의 빛(초록)에 감도가 높은 M추상체(녹추상체), 파장이 짧은 빛(파랑)에 감도가 높은 S추상체(청추상체)로 구분됩니다. 각각의 추상체가 빛의 파장에 대해 감도가 다른 이유는 세포 안에 고유의 색소가 있고 그 색소가 흡수하는 빛의 파장이 다르기 때문입니다.

빛은 물체 표면에서 반사되어 우리 눈 안에 있는 망막에 도달합니다. 이때 망막에 있는 L추상체의 신호가 크고 M추상체와 S추상체의 신호가 작으면 대뇌에서는 빛의 색을 빨강으로 판단합니다. L추상체와 M추상체의 신호가 작고 S추상체의 신호가 크면 파랑으로 판단합니다. L추상체, M추상체, S추상체에서 나오는 신호가 모두 크면 하양으로 판단하고, 반대로 모든 신호가 작으면 검정으로 판단합니다.

대뇌는 이와 같이 3종류의 추상체에서 보내는 신호의 크고 작음에 따라 색을 식별합니다. 실제 망막과 대뇌의 정보 처리는 훨씬 복잡하지만 기본 개념을 간단히 설명하면 [그림 3]과 같습니다.

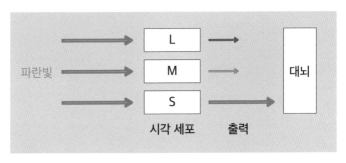

[그림 3] 3종류의 추상체에서 보내는 신호의 크고 작음에 따라 대뇌가 색을 식별한다. L추상체(적추상체)와 M추상체(녹추상체)의 신호가 작고 S추상체(청추상체)의 신호가 크면 파랑으로 판단한다.

1

빛나는
색의 비밀

✦ 눈에 보이는 세계는 실제와 다르다

▲▲ 투명해 보이는 피부의 비밀은 뭘까?

필자는 어렸을 적부터 그림에 소질이 없었습니다. 초등학교 미술 시간에 물감으로 사람의 얼굴이나 팔을 그릴 때는 빨강, 노랑, 하양을 적당히 섞어 살구색을 만들어 칠했습니다. 그렇게 색칠한 그림은 실제 피부색과 어딘가 다르게 느껴졌지만 으레 그런 것이려니 생각했습니다.

그림을 잘 그리고 못 그리고를 떠나서 물감으로는 실물과 같은 색을 도저히 표현해 낼 수 없습니다. 색감에 미묘한 차이가 있지요. 물감으로 칠해진 피부색과 실제 피부색은 다르게 보입니다. 피부색에는 물감으로는 제대로 표현할 수 없는 투명함이 있기 때문입니다. 투명함은 아름다운 피부의 조건 중 하나로 꼽히기도 합니다.

피부는 바깥쪽부터 차례로 표피, 진피, 피하조직의 층으로 구성됩니다. 빛의 일부는 표피 바깥쪽의 각질층을 투과하여 진피까지 도달합니다. 사람의 눈에 닿는 빛은 각각의 층에서 정반사와 확산 반사를 거쳐 돌아온 빛이 합쳐진 것입니다. 확산 반사란 닿은 빛이 사방으로 반사되는 것을 말

알아두면 쓸모 있는 컬러 잡학사전

합니다. 피부 내부까지 닿은 빛이 확산 반사를 거쳐 많이 돌아올수록 피부가 투명해 보입니다.

피부가 하얀 사람은 멜라닌 색소가 적어 피부 내부까지 빛이 잘 투과됩니다. 그리고 피부 내부에서 확산된 빛이 많이 돌아오기 때문에 그만큼 투명해 보입니다. 참고로 멜라닌 색소는 빛을 흡수하여 반사되는 빛을 줄어들게 합니다.

물감으로 칠한 피부색은 빛이 내부로 침입하지 못하고 물

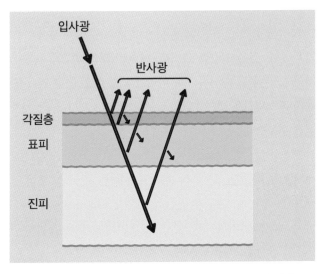

[그림 4] 피부를 구성하는 층과 빛의 반사. 피부는 바깥쪽부터 차례로 표피, 진피, 피하조직의 층으로 구성된다. 빛의 일부는 표피의 바깥쪽에 있는 각질층을 투과하여 진피까지 도달한다. 사람의 눈에 닿는 빛은 각각의 층에서 정반사와 확산 반사를 거쳐 돌아온 빛이 합쳐진 것이다.

감 표면에서 반사되기 때문에 투명함을 표현해 내기 어렵습니다. 피부가 거칠어지면 투명함을 잃는 것도 피부 표면에서 빛이 확산되어 피부 내부로 빛이 닿기 어렵기 때문입니다. 투명한 유리 표면에 미세한 요철을 붙이면 불투명 유리가 됩니다. 이 불투명 유리는 표면에서 빛이 산란하기 때문에 투과하는 빛의 양도 줄어듭니다. 피부가 거칠어지면 투과하는 빛이 줄어드는 현상과 불투명 유리의 원리는 같은 이치입니다.

피부색 중에도 붉은 기가 도는 피부는 투명해 보이는 효과가 있고 젊은 인상을 줍니다. 어렸을 때와 비교해 성인이 되면 붉은 기가 옅어집니다. 나이를 먹을수록 붉은 기가 옅어지고 노년기에 접어들면 노란 기가 짙어집니다. 노란 기가 짙은 피부는 자칫 나이 든 인상을 줄 수 있습니다.

투명함을 잃지 않으려면 윤기 있는 피부를 지켜야 합니다. 아기 피부처럼 윤기가 나면 피부 표면에서 산란하는 빛이 줄어 더욱 투명해 보일 수 있습니다. 무엇보다 오래도록 아름다운 피부를 간직하려면 평소의 관리가 중요해 보입니다.

참고문헌
우에하라 시즈카, 〈투명함을 간직한 아름다운 피부란?(透明感のある美しい肌って?)〉, 조명학회지, Vol.86-3(2002)

▲ 혈관은 왜 푸른색으로 보일까?

손등이나 팔 안쪽에 있는 혈관들은 약간 튀어나와 있고 색도 푸르스름해 보입니다. 건강검진을 할 때 푸른색 혈관에 주삿바늘을 꽂아 채혈을 하면 주사기에 붉은 혈액이 채워지는 모습을 볼 수 있습니다. 신기하게도 혈액은 분명 붉은색인데 혈액이 흐르는 혈관은 푸르게 보입니다. 그 이유는 무엇일까요?

혈관에는 동맥과 정맥이 있습니다. 퍼렇게 보이는 부분은 피부 가까이에 흐르고 있는 정맥입니다. 동맥은 피부 깊은 곳에 있어 눈에 보이지 않습니다. 동맥을 흐르는 혈액은 산소가 풍부해서 선명한 붉은색을 띱니다. 반면에 정맥을 흐르는 혈액은 산소가 적고 이산화탄소가 많아 동맥을 흐르는 혈액과 비교하면 검붉은색을 띱니다.

피부색이 살구색으로 보이는 이유는 파랑, 초록, 노랑, 빨강 등 여러 가지 빛이 포함된 흰빛 중 피부가 파랑이나 초록에 비해 노랑이나 빨강을 많이 반사하기 때문입니다. 피부에 닿은 흰빛 중 파장이 짧은 파란빛의 대부분은 피부 깊숙한 곳에 있는 혈관까지 닿지 못하고 피부 표면에서 반사되어 보는 사람의 눈에 닿습니다. 따라서 혈관이 있는 부분의 피부와 혈관이 없는 부분의 피부는 파란빛의 반사량에 차이가 없습니다.

반면에 파장이 긴 빨간빛은 피부 표면에서 잘 반사되지 않고 피부 깊은 곳까지 투과하는 특성이 있습니다. 즉, 피부 깊은 곳까지 들어갔다가 반사되어 돌아오는 겁니다. 그런데 정맥이 흐르고 있으면 피부 깊은 곳까지 닿았던 빨간빛은 어두운 혈액 색에 흡수되어 돌아오는 양이 줄어듭니다.

혈관이 없는 부분의 피부색은 살구색입니다. 혈관이 있는 부분의 피부는 반사되어 돌아오는 빛에 빨강이 줄어 어두운 살구색이나 회색을 띱니다. 푸른색이 아닙니다. 단지 어두운 살구색이나 회색이 혈관이 없는 부분의 피부색과 대비되어 푸르스름하게 보이는 겁니다. 실제로 측정해 보면 혈관이 있는 부분의 피부색은 파랑이 아니라 어두운 살구색이나 회색입니다. [그림 5]에는 살구색 바탕의 사각형 안에 회색 직선이 그어져 있습니다. 회색 직선이 정맥 혈관처럼 살구색과 대비 효과로 푸르스름하게 보입니다.

스님의 삭발한 머리도 푸르스름해 보입니다. 또, 수염이 많은 사람이 면도를 하고 나면 푸르스름하게 자국이 남습니다. 이러한 현상도 정맥이 퍼렇게 보이는 것과 같은 이치입니다. 실제로 머리카락이나 수염을 깎은 부분의 피부는 파랗지 않습니다. 머리카락이나 수염을 깎은 피부 내부에는 검은 모발의 뿌리 부분이 남아있습니다. 그 부분이 빨간빛을 흡수하여 돌아오는 양이 줄어들기 때문에 푸르스름하게 보이는 것입니다.

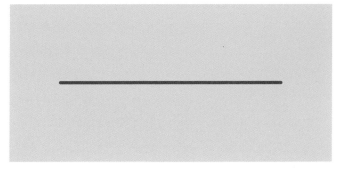

[그림 5] 살구색 안의 회색 직선이 대비 효과로 인해 푸르스름하게 보인다. 정맥 혈관에서도 마찬가지다.

▲▲ 어떻게 빨간빛으로 혈액의 산소 농도를 측정할까?

2020년 신종 코로나 바이러스의 감염 확대와 함께 주목을 받은 측정기가 있습니다. 바로 산소포화도^{SpO2}를 측정하는 펄스 옥시미터$^{Pulse\ Oximeter}$라는 기기입니다. 신종 코로나 바이러스에 감염되어 중증화가 진행되면 폐렴으로 숨쉬기가 힘들어집니다. 폐 기능이 불완전해져 산소가 혈액 내에 충분히 공급되지 않기 때문입니다. 산소가 혈액에 충분히 공급되고 있는지는 산소포화도로 판단할 수 있습니다. 산소포화도는 동맥혈 중 적혈구에 포함되어 있는 헤모글로빈 색소가 산소와 얼마나 결합되어 있는지를 나타내는 수치입니다. 산소포화도가 93퍼센트 이하이면 산소가 부족한 상태입니다. 90퍼센트 아래로 떨어지면 호흡 기능 상실로 산소 투여가 필요해집니다.

펄스 옥시미터로 산소포화도를 측정할 때는 빨간빛을 사용합니다. 사용법은 매우 간단합니다. [그림 6]과 같이 빨래집게 모양의 장치에 검지를 끼워 측정하는 방식입니다. 장치의 구조를 보면 한쪽 LED에서 빛이 나옵니다. 이 LED는 파장이 665나노미터(1나노미터=10억분의 1미터)인 빨간빛입니다.

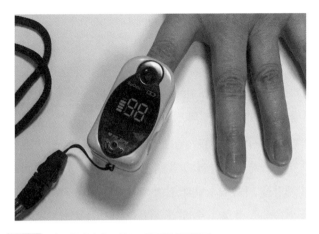

[그림 6] 펄스 옥시미터로 산소포화도를 측정한다.

장치의 다른 한쪽에 있는 센서는 손가락을 투과한 빨간빛을 포착합니다. 펄스 옥시미터는 동맥혈을 투과한 이 빨간빛의 투과율을 측정합니다.

동맥을 흐르는 혈액에 포함된 적혈구가 붉은색을 띠는 것은 그 안에서 산소와 결합하는 헤모글로빈의 색이 붉기 때문입니다. 혈액에 산소가 충분하면 선명한 붉은색을 띠고 산소가 부족하면 검붉은색을 띱니다. 적혈구는 산소가 충분하면 빨간빛을 많이 투과하고 산소가 부족하면 투과광이 줄어드는 특성이 있습니다.

빨간빛의 파장은 620~780나노미터입니다. 이 중 어느 파장의 빛을 사용하면 효과적일지에 대한 조사가 이루어졌습니다. 여러 파장의 빛을 비교한 결과, 산소포화도의 변화에 따라 투과율이 가장 크게 변화한 파장은 665나노미터에 해당하는 빛이었습니다. 이 결과를 바탕으로 펄스 옥시미터의 측정에는 665나노미터의 빨간빛을 사용하게 되었습니다.

펄스 옥시미터는 1970년대 일본의 의료공학자인 아오야기 타쿠오가 연구하여 개발한 장치입니다. 이후 여러 차례의 개량을 거쳐 오늘날과 같이 채혈하지 않고도 호흡 상태를 연속으로 측정할 수 있게 되었습니다. 덕분에 환자의 부담이 가벼워졌을 뿐만 아니라 재택 치료 시에도 측정이 가능해졌습니다.

참고문헌

일본호흡기학회, 《이해하기 쉬운 펄스 옥시미터(よくわかるパルスオキシメーター)》, 2014

▲▲ 왜 검은색 물건이 더 무겁게 느껴질까?

우리 주변에서 볼 수 있는 무겁고 검은 물체로는 쇳덩어리, 바위 등이 머릿속에 바로 떠오릅니다. 그렇다면 무거우면서 하얀 물체로는 어떤 것들이 떠오르나요? 반대로 가볍고 하얀 물체로는 솜, 구름 등이 바로 떠오르지만, 가벼운데 검은 물체는 영 떠오르는 것이 없습니다.

보통 무거운 것은 어두운색이 많고 가벼운 것은 밝은색이 많습니다. 그래서인지 색에 따라 무게의 느낌이 다릅니다. 예를 들어 하얀색 발포 스티로폼은 가벼워 보입니다. 그런데 발포 스티로폼을 검게 칠하면 무거워 보입니다. 또 흰 옷을 입고 있는 사람을 보면 경쾌한 느낌이 듭니다.

니혼대학의 혼다 나오 연구 팀은 물건의 색이 무게의 감각에 미치는 영향에 관한 실험을 했습니다. 그 결과 같은 무게의 물건이라도 검은색 물건을 흰색 물건보다 10~20퍼센트 더 무겁게 느꼈습니다. 검은색은 겉보기에 무거운 느낌을 주지만, 실제로도 원래 무게보다 무겁게 느껴진다니 신기하기만 합니다.

짐을 운반할 때는 보통 골판지 상자를 사용합니다. 흔히

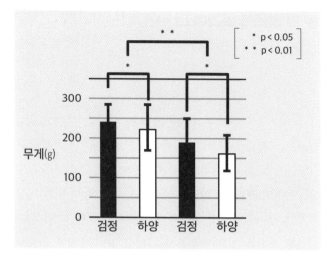

니혼대학의 혼다 나오 연구 팀이 실시한 실험에서는 같은 무게의 물건을 들어도 검은색 물건을 흰색 물건보다 10~20퍼센트 더 무겁게 느끼고, 내용물이 중요한 물건은 중요하지 않은 물건보다 20~30퍼센트 더 무겁게 느낀다는 결과가 나왔다.

사용하는 갈색 골판지는 밝기가 중간 정도입니다. 최근에는 흰색 택배 상자도 사용합니다. 택배 상자가 흰색이면 운반하는 사람이 조금이나마 무게를 가볍게 느끼지 않을까요?

혼다 나오 연구 팀은 또 다른 실험에서 내용물의 중요도에 따라 느끼는 무게의 차이를 비교했습니다. 결과에 따르면 내용물이 중요한 물건은 중요하지 않은 물건보다 20~30퍼센트 더 무겁게 느꼈습니다. 중요한 것일수록 소중하게 다루려는 마음이 무게의 감각에 영향을 준 결과입니다.

　　　　　알아두면 쓸모 있는 컬러 잡학사전

시각에서 얻는 정보는 사람이 얻는 정보의 80퍼센트를 차지한다고 합니다. 시각을 차단하면 다른 감각이 예리해집니다. 그래서인지 눈을 감고 있을 때는 눈을 뜨고 있을 때보다 물건이 더 무겁게 느껴집니다. 여러분도 한번 시험해 보세요. 감각은 불분명한 것이어서 다른 감각의 영향을 받습니다. 특히 시각은 다른 감각에 큰 영향을 미칩니다. 무게의 감각도 예외는 아니어서 시각을 비롯해 여러 감각의 영향을 받습니다.

다른 얘기지만, 가방은 검은색이 잘 팔립니다. 특히 출퇴근용 가방은 주로 검은색입니다. 이번에 새로 가방을 구매할 계획이 있다면 밝은색으로 골라 보면 어떨까요? 출퇴근 길이 조금이나마 가벼워질 수 있을 겁니다.

참고문헌
혼다 나오 외, 〈색채가 가지는 중량감에 관한 고찰-물리적인 무게에 메타포가 부가된 경우의 색채 영향-(色彩が持つ重量感に関する考察—物理的な重さにメタファが付加された場合の色彩の影響—)〉, 인간공학, 2016

▲ 정말 시야 바깥쪽으로 갈수록 색이 안 보일까?

　　　　　　사람의 시야는 수평 방향 200도, 수직 방향 100도 정도입니다. 뒤는 보이지 않지만 전방은 거의 다 보입니다. 그리고 시야 전체가 동일하게 색을 띠고 있는 것처럼 느낍니다. 이에 관해 실제로 어디까지 색을 정확하게 식별할 수 있는지에 대한 실험이 이루어졌습니다. 결과에 따르면 색이 정확하게 보이는 범위는 생각보다 좁고 시선 방향과 그 부근에 한정되어 있었습니다.

　결과를 선뜻 믿지 못하는 사람도 많을 겁니다. 시야 바깥쪽에서 색이 보이지 않음을 알아차리기 어렵기 때문입니다. 시험 삼아 시선을 돌린 채로 색을 띠는 큰 물체나 등불을 바라보시기 바랍니다. 시야 바깥쪽으로 갈수록 색을 식별하기 어려워짐을 확인할 수 있습니다.

　시험 대상으로는 도로의 신호등이 적합합니다. 신호등에서 시선을 돌리면 서서히 색을 식별할 수 없게 됩니다. 특히 시선이 아래로 내려갈수록 더 빨리 색을 식별할 수 없게 됩니다. 시선을 아래로 돌리면 시선보다 위에 있는 물체의 색을 식별하기 어렵다는 의미입니다.

초록과 빨강에서 이러한 경향이 강하게 나타나고, 10~20
도 부근에서 색을 식별할 수 없게 됩니다. 반면에 파란색은
다른 색과 비교하면 넓은 범위에 걸쳐 색을 식별할 수 있습
니다. 위쪽 방향으로는 30도, 수평 방향으로는 대략 60도까
지 색을 식별할 수 있습니다.

빛을 감지하는 망막 안의 시각 세포이자 색의 식별을 담
당하는 세포를 추상체라고 합니다. 추상체는 밝은 곳에서
작용합니다. 어둠 속에서는 추상체의 기능이 떨어지기 때문
에 어두워지면 색을 식별하기가 어렵습니다.

추상체는 시선 방향에서 바라본 물체의 상이 맺히는 망
막 중심 부근에 많이 분포하고 망막 외곽으로 갈수록 감소
합니다. 시야 바깥쪽의 색을 식별하기 어려운 이유는 망막
외곽에서 추상체의 분포가 감소하는 것과 관련이 있다고
할 수 있습니다.

그렇다면 실제로는 시선이 향할 때만 색을 식별할 수 있
다는 건데, 왜 우리는 그 사실을 알아차리지 못할까요? 스
스로는 의식하지 못하지만, 사람은 빈번하게 시선의 방향을
바꿉니다. 한 실험에서는 이러한 특성을 관찰하기 위해 자
동차를 운전하거나 무언가를 감상하고 있을 때 시선이 어떻

게 이동하는지 살펴보았습니다. 아이 카메라eye camera⁺로 시선의 이동을 관찰했더니 1초 동안 약 3회의 움직임이 포착되었습니다. 즉, 우리의 시선은 끊임없이 움직이고 있었습니다. 이처럼 시야의 이곳저곳으로 시선이 움직이면서 더 넓은 범위에서 색을 식별할 수 있다고 느끼는 것입니다.

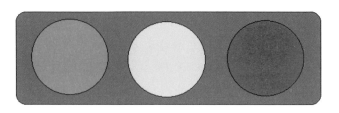

[그림 8] 신호등에서 시선을 아래로 돌리면 서서히 색을 식별할 수 없게 된다. 이러한 경향은 초록과 빨강이 강하고, 10~20도 부근에서 색을 식별할 수 없게 된다. (저자 작성)

✦ 안구의 움직임을 측정하는 장치

▲ 왜 수술복은 초록색이나 파란색일까?

병원 하면 연상되는 색은 흰색입니다. 밝은색은 청결한 느낌을 주는 효과가 있습니다. 실제로 병원 건물의 벽은 하얗게 칠하는 경우가 많고 의사는 일반적으로 흰색 가운을 입습니다. 이처럼 병원은 흰색을 주로 사용하지만 수술실의 경우는 예외입니다. 수술복과 수술실 벽은 초록색과 파란색을 사용하는데, 어떤 이유 때문일까요?

예를 들어 빨간색으로 된 무언가를 본 후 흰색으로 시선을 옮기면 거기에 청록색 모양이 어른거립니다. 이 현상을 '보색 잔상'이라고 부릅니다. 보색이란 두 가지 색을 일정 비율로 섞어 흰색이 될 때 이 두 색의 관계를 말합니다.

수술에는 출혈이 따르고 수술 부위는 조명이 밝게 비춥니다. 만일 수술복과 벽이 흰색이라면 한참 동안 혈액을 들여다보며 수술을 하던 의사가 잠시 눈을 돌렸을 때 빨간색과 보색 관계인 청록색이 수술복이나 벽에 어른거려 보이게 됩니다. 이때 집중력이 흐트러지거나 피로를 느껴 수술에 영향을 줄 수 있습니다. 이러한 보색 잔상을 방지하기 위해 수술실 벽과 수술복은 초록색과 파란색을 사용합니다. 이

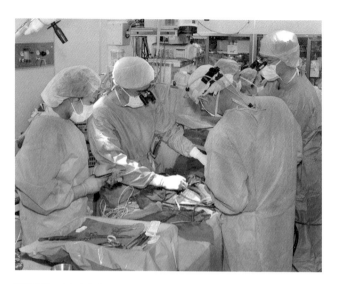

[그림 9] 외과의사의 수술복은 초록색이나 파란색이다. (사진 출처: 이미지마트, Aflo)

두 가지 색은 수술을 받는 환자 입장에서도 마음의 안정을 가져다주는 색입니다.

수술복이 초록색이나 파란색이면 혈액이 묻어도 까맣게 보입니다. 빨간색은 빨강 이외의 색을 흡수하고 빨강은 청록색에 흡수됩니다. 이 두 가지 색이 합쳐져 모든 색의 빛을 흡수하면 까맣게 보입니다. 이를 감법 혼색이라고 합니다.

인쇄의 원리도 감법 혼색입니다. 인쇄에 사용되는 3가지 잉크는 마젠타(밝고 선명한 자주색), 시안(약간 초록빛이 도는 밝은 파란색), 옐로입니다. 마젠타는 초록, 시안은 빨강, 옐로는 파랑을 각각 흡수합니다. 3가지 잉크가 겹치면 모든 빛이 흡수되어 검은색이 인쇄됩니다.

의사와 간호사는 장시간 동안 긴장감에 휩싸여 수술을 진행합니다. 만일 흰색 수술복을 착용하고 수술하던 중 붉은 혈액이라도 튄다면 긴장감이 더 높아지고 정신적 부담도 커질 수 있습니다. 초록색과 파란색 수술복에는 이러한 영향을 완화하는 작용이 있습니다. 색 자체에 긴장을 누그러뜨리는 효과가 있기 때문입니다. 이러한 몇 가지 이유로 수술복은 초록색과 파란색으로 입습니다.

간호사도 예전에는 흰색 가운을 주로 입었지만 요즘은 분홍색이나 하늘색처럼 밝은 유채색 가운을 입습니다. 흰색은 딱딱한 인상을 주지만 분홍색이나 하늘색은 청결한 느낌을 유지하면서 부드러운 인상을 줄 수 있습니다. 최근에는 더 어두운색을 입어 환자에게 안정된 느낌을 주기도 합니다.

▲ 사람들은 어떤 색을 좋아하고 싫어할까?

사람들은 어떤 색을 선호할까요? 파란색과 초록색 같은 푸른색의 선호도는 높고, 주황색 등 붉은색의 선호도는 낮습니다. 선호도가 높은 색인 푸른색은 싱그럽고 생명력이 넘치는 대상을 지칭하는 말에도 자주 사용됩니다. '새파랗게 어리다'라는 표현이나 '청년靑年', '청춘靑春' 같은 단어는 일상에서도 흔히 쓰입니다. 일본에서도 초록색을 가리키는 말인 '미도리みどり'는 본래 색의 명칭이 아니라 생기 있고 활력 있는 모습을 나타내는 단어였습니다. 이러한 의미를 담은 '미도리노쿠로카미みどりの黑髮+'나 '미도리고みどりご++'와 같은 단어는 지금도 여전히 사용되고 있습니다. 푸른색에 대한 사람들의 높은 선호도가 이런 점에 기인할지도 모르겠습니다.

성별과 연령에 따라서도 선호하는 색의 비율이 다릅니다. 파랑과 초록은 여성보다 남성의 선호도가 높고 보라와 빨강은 여성의 선호도가 높습니다. 즉, 남성은 한색 계열, 여성은 난색 계열의 색을 더 선호하는 경향이 있습니다. 또 나이가

+ 윤기가 흐르는 검은 머리털.
++ 젖먹이.

어릴 적에는 난색 계열의 선명한 색을 선호합니다. 그래서 아이들이 그린 그림에는 붉은 태양, 빨간 꽃, 노란 꽃 등이 자주 등장합니다. 나이가 들수록 밝고 연한 색, 어둡고 깊이 있는 색, 수수한 색 등으로 취향이 바뀝니다. 이러한 특징은 옷을 입을 때도 드러납니다.

한편 사람들은 자연의 색을 선호하고 인공적인 색에는 낮은 호감도를 보이는 경향이 있습니다. 비슷한 초록이라도 벽, 인공 잔디, 천연 잔디, 나무의 순으로 호감도가 올라갑니다. 한적한 주택가에 걸린 빨간색이나 주황색 간판은 싫어하면서 오렌지 나무나 붉게 물든 단풍나무에는 호의적입니다. 오래된 거리를 간직한 지역에서는 간판 등에 화려한 색을 사용하지 못하도록 조례로 규제하는 지자체도 있습니다.

자연의 색과 인공적인 색은 무엇이 다를까요? 자연에 존재하는 색에는 색이 주는 효과를 유지하면서 불쾌감을 줄일 수 있는 실마리가 있습니다. 균일하게 색이 칠해져 있거나 모양과 음영이 규칙적으로 반복되면 인공적인 느낌이 강해집니다. 반대로 균일하지 않고 불규칙한 움직임이 있으면 자연스러운 느낌이 듭니다. 자연의 색을 바라보고 있으면 부분적으로 온전하지 않은 것이 포함된 경우가 종종 있습니다. 나무들 사이에 시든 가지나 잎사귀가 숨어 있고 잔디에는 벗겨진 부분도 있습니다. 이러한 불완전함을 허용하는 것이 진정한 자연스러움이 아닐까요?

[그림 10] 우체통과 히비스커스(오키나와현). 같은 빨강이라도 느낌이 다르다.
(사진 출처: Aflo)

알아두면 쓸모 있는 컬러 잡학사전

▲ 왜 빨간색은 저녁이 되면
눈에 잘 띄지 않을까?

눈의 망막 안에는 빛 감지 센서 역할을 하는 2종류의 시각 세포가 있습니다. 감도가 낮은 센서인 추상체는 밝은 곳에서 작용하고 감도가 높은 센서인 간상체는 어두운 곳에서 작용합니다. 이 2종류의 센서는 눈의 감도를 올리고 내리기 위해 구분해서 사용됩니다. 즉, 사람의 눈은 주위 밝기에 따라 자동으로 센서가 전환되는 구조로 되어 있습니다. 왜 감도가 다른 센서가 필요할까요? 센서 하나로 감도를 바꿔 사용할 수는 없을까요?

사람은 태양이 빛나는 밝은 대낮부터 별빛만 반짝이는 어두운 밤까지 활동합니다. 낮과 밤의 빛의 세기는 약 1억 배나 차이가 납니다. 눈은 동공의 크기를 바꿔 망막에 닿는 빛의 양을 조절합니다. 다만 동공에서 조절할 수 있는 빛의 양은 10배 정도입니다. 따라서 센서는 약 천만 배에 이르는 빛의 세기 변화에 대응해야 합니다. 이 정도로 큰 변화에 대응하려면 감도가 다른 2종류의 센서가 필요합니다. 밝은 대낮에는 감도가 낮은 센서가 작용하고 어두운 밤에는 감도가 높은 센서가 작용합니다. 이처럼 주위 밝기에 따라 센서가 자동으로 전환되어 물체를 한결 더 잘 식별할 수 있습니다.

센서에는 빛을 흡수하여 화학 변화를 일으키는 시각 색소가 있습니다. 이 화학 변화를 계기로 생리적인 전기 신호가 만들어집니다. 어두운 곳에서 작용하는 센서에는 로돕신이라는 시각 색소가 있는데, 이 로돕신을 만들기 위해서는 비타민A가 필요합니다. 비타민A가 결핍되면 로돕신을 만들 수 없어 어두운 곳에서 눈이 잘 보이지 않게 됩니다. 이 증

[그림 11] 빨강과 파랑 두 가지 색으로 나누어 칠해진 우체통. 낮 동안은 빨간 쪽이 밝게 눈에 띄었다가 저녁이 되어 어두워지면 낮과는 반대로 파란 쪽이 밝게 눈에 들어오고 빨간 쪽은 거무스름하게 가라앉은 색으로 보인다. (사진 출처: Aflo)

알아두면 쓸모 있는 컬러 잡학사전

상을 야맹증 혹은 새눈이라고 합니다. 하지만 밤에 이동하는 새가 있듯이 일반적으로 새는 야맹증이 아니라서 어두워져도 어느 정도는 볼 수 있습니다.

추상체는 파장이 긴 빛인 빨강이나 노랑 등에 감도가 높고, 간상체는 파장이 짧은 빛인 파랑이나 초록 등에 감도가 높다는 특징이 있습니다. 다시 말해 밝은 곳과 어두운 곳에서는 빛의 파장에 대한 감도가 달라집니다. 이를 푸르키네 현상Purkinje Phenomenon이라고 합니다.

푸르키네 현상이라는 명칭은 19세기 초 체코의 해부학자이자 생리학자인 요하네스 에반겔리스타 푸르키네의 이름을 따서 붙여졌습니다. 사실 여부는 확실하지 않지만, 이 현상과 관련된 다음과 같은 일화가 있습니다. 당시 체코에서는 우체통을 빨강과 파랑으로 나누어 칠했습니다. 낮 동안은 빨간 쪽이 밝게 눈에 띄었는데, 저녁이 되어 어두워지자 낮과는 반대로 파란 쪽이 밝게 눈에 들어오고 빨간 쪽은 거무스름하게 가라앉은 색으로 보인 것이 이 현상을 발견한 계기라고 전해집니다.

🔺 피곤하면 색이 잘 보이지 않는다는 게 사실일까?

블루라이트의 영향이 우려되는 컴퓨터나 스마트폰의 사용 시간이 점점 더 늘면서 눈의 피로를 느끼는 사람도 많아졌습니다. 최근의 사무직 업무는 컴퓨터 작업을 중심으로 이루어집니다. 하루의 대부분을 차지하는 컴퓨터 작업으로 쌓인 피로는 시기능 저하를 일으킵니다. 야외에서도 장시간 운전과 같이 눈을 많이 사용하는 작업을 하면 시기능 저하가 일어납니다. 이렇게 장시간에 걸쳐 눈을 사용하는 작업 때문에 저하된 시기능은 색의 식별이나 밝기 감지 능력의 변화, 유효 시야의 변화 등으로 나타납니다.

필자가 소속된 연구실에서는 시기능 저하로 일어나는 변화에 대해 실험을 진행한 적이 있습니다. 실험에서는 피험자들에게 눈의 피로를 일으키는 작업을 수행하게 한 후 피로도에 따른 색상변별능력의 변화를 조사했습니다.

피험자들은 먼저 컴퓨터 화면으로 60분 동안 스도쿠 게임을 수행했습니다. 스도쿠 게임은 많은 사람들이 즐겨 하는 게임 중 하나로, 가로세로 9열로 된 사각형 안의 굵은 선

[그림 12] 100 휴 테스트는 랜덤으로 나열된 색상이 조금씩 다른 25개의 칩을 제한 시간 내에 색상 순서대로 배열하는 방식으로 이루어진다.

으로 둘러싸인 3×3블록에 1에서 9까지의 수가 겹치지 않고 하나씩 들어가도록 비어 있는 칸에 숫자를 채워 넣는 게임입니다. 이 게임을 통해 눈의 피로를 일으킨 뒤 색상변별능력평가를 진행했습니다.

색상변별능력평가에는 색상이 조금씩 다른 25개의 칩을 이용하는 '100 휴 테스트Farnsworth-Munsell 100 Hue Test'가 활용되었습니다. 평가는 랜덤으로 나열된 칩을 제한 시간 내에 색상 순서대로 배열하는 방식으로 이루어집니다. 칩의 색상 차이는 주의 깊게 보아도 틀릴 수 있을 정도로 매우 근소합니다. 순서가 맞지 않으면 점수가 올라가는 득점 방식으로 색상변별능력을 판단합니다. 점수가 높을수록 색상변별능력이 떨어진다는 뜻입니다.

실험 결과에 따르면 작업 수행 전보다 수행 후의 득점이 약 2배 증가했습니다. 눈을 장시간 사용하는 작업으로 인한 색상변별능력의 저하가 통계적으로 유의미하게 나타난 것입니다. 그 원인은 작업으로 인한 눈 자체의 피로라기보다는 대뇌의 피로라고 볼 수 있습니다. 물론 이 정도의 색상변별능력 저하는 일상생활에 지장을 주는 수준은 아닙니다. 다만 디자인과 같이 색과 관련된 일을 할 때는 자주 휴식을 취해 피로가 쌓이지 않도록 주의하는 것이 바람직합니다.

참고문헌
미코시바 료헤이 외, 〈눈의 피로가 색각에 미치는 영향(眼疲労による色覚への影響)〉, 일본감성공학회대회, 2016

▲ 초록빛은 왜 가장 밝게 보일까?

　　　　　　　　사람의 눈[眼]이 밝기를 느끼는 빛(가시광)의 파장은 380~780나노미터입니다(1나노미터= 10억분의 1미터). 앞에서도 설명했듯이 빛은 파장에 따라 색이 다르게 보이고, 빨강, 노랑, 초록, 파랑의 순으로 파장이 짧아집니다.

파장에 따라 다르게 보이는 것은 색뿐만이 아닙니다. 눈이 느끼는 밝기의 감도도 달라집니다. 즉, 같은 에너지의 빛이 눈에 닿아도 파장에 따라 느끼는 밝기가 다릅니다. 사람의 눈은 가시광 중에서도 초록으로 보이는 중간 길이의 파장인 555나노미터의 빛을 가장 밝게 느낍니다. [그림 13]에서 볼 수 있듯이 555나노미터보다 파장이 짧은 파랑이나 파장이 긴 빨강에는 감도가 낮습니다. 왜 555나노미터일까요?

지상에 내리쬐는 태양의 파장 분포는 태양의 고도에 따라 다릅니다. 예를 들어 정오 무렵과 비교하면 해가 기울수록 긴 파장의 비율이 증가합니다. 그리고 파장은 대략 555나노미터 부근에서 절정에 이릅니다. 즉, 사람의 눈이 느끼는 파장에 대한 감도는 태양광의 파장과도 관련이 있습니다. 사람의 눈은 지상에 닿는 빛 중에서도 많이 받아들이는 파장의 빛을 통해 물체를 인지하도록 진화했다고 할 수 있습니다.

물속에 서식하는 물고기에게서는 이와는 조금 다른 진화를 찾아볼 수 있습니다. 물이 탁하면 파장이 짧은 빛인 파란빛은 산란되어 깊은 곳까지 잘 닿지 않습니다. 물이 깊어질수록 파장이 긴 빛인 빨간빛이나 노란빛이 상대적으로 많아집니다. 그래서 물이 탁한 깊은 호수에 서식하는 물고기 중에는 얕은 곳에 서식하는 물고기보다 파장이 긴 빛에 감도가 높은 종이 있습니다.

이와는 반대로 맑은 물에서는 파장이 긴 빛일수록 잘 흡수됩니다. 수심이 깊어지면 파장이 긴 빛인 빨강이나 노랑은 흡수되어 줄어들고 파란빛이 남게 됩니다. 그래서 200미터보다 깊은 바다인 심해에 서식하는 대부분의 물고기는 빨간빛을 보지 못하지만 파란빛에는 높은 감도를 가집니다. 심해에 서식하는 물고기를 촬영할 때는 흰빛을 비추면 도망가지만 빨간빛을 비추면 들키지 않을 수 있습니다. 흰빛에는 파란빛이 포함되어 있어 빛이 비추고 있음을 알아차리기 때문입니다. 이처럼 동물은 서식하는 환경에 따라 주위에 많이 분포하는 파장의 빛에 감도를 높여 그 빛을 통해 물체를 볼 수 있도록 진화했습니다.

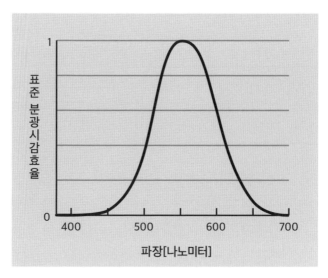

[그림 13] 표준 분광시감효율은 파장별 눈의 상대 감도를 나타낸다. 사람의 눈은 초록으로 보이는 555나노미터의 빛을 가장 밝게 느낀다. 555나노미터보다 파장이 짧은 파랑이나 파장이 긴 빨강에는 감도가 낮다.

2

색을 바꾸기만
해도 행동이
달라진다

✦ 생활 습관도 마음도 색에 달렸다

▲ 정말 색에 따라 경기력에 차이가 날까?

최근 육상 경기장에 파란색 트랙이 등장했습니다. 골프 경기에는 컬러풀한 공을 사용하기도 합니다. 그 밖에도 다양한 색상의 스포츠 용구나 유니폼을 볼 수 있게 되었습니다. 어떤 경기는 공의 색깔에 따라 점수가 잘 나오기도 하고, 특정한 색의 유니폼을 입으면 승률이 높아진다고도 합니다. 정말로 색에 따라 경기력에 차이가 날까요?

육상 경기의 허들은 흰색과 검은색으로 칠해져 있습니다. 흰색과 검은색 대신 빨강, 노랑, 파랑, 황록, 주황, 초록 등으로 칠한 경우의 기록 차이를 조사한 실험 결과가 있습니다(참고문헌 1). 실험은 초등학교 4~6학년 남녀 학생을 대상으로 이루어졌습니다. 결과에 따르면 일부 예외가 있었지만 남녀 모두 기존의 허들보다 컬러풀한 허들에서 좋은 기록이 나왔습니다. 이유는 명확하지 않지만 색이 어떠한 방향으로든 영향을 준 것입니다. 실험자는 무겁게 느껴지던 기존의 허들과 달리 색이 바뀐 허들에서 가벼운 느낌을 받게 되었고 높이에 대한 공포심이 누그러져 가볍게 뛰어넘을

알아두면 쓸모 있는 컬러 잡학사전

수 있었던 점이 기록 향상으로 이어졌다고 평가했습니다.

대전마다 추첨을 통해 유니폼 색을 결정하는 운동 종목들이 있습니다. 복싱, 태권도, 레슬링 등과 같은 종목이 그렇습니다. 2004년 아테네 올림픽에서는 이 세 종목에서 빨강 유니폼과 파랑 유니폼을 입고 경기를 펼친 결과 빨강 유니폼의 승률이 약 10퍼센트 높았다는 결과가 나왔습니다(참고문헌 2). 이후 대회에서는 별다른 차이가 없다는 결과가 나오긴 했지만 적어도 이 대회에서는 빨강 유니폼이 유리했다고 할 수 있습니다.

영국의 더럼대학Durham University과 플리머스대학University of Plymouth의 연구 팀은 유니폼 색과 승률의 관계에 대해 제2차 세계대전 이후 영국 축구 리그의 시합 결과를 바탕으로 분석한 결과를 보고했습니다(참고문헌 3). 빨강, 하양, 파랑, 노랑, 주황 유니폼의 색깔별 승률을 살펴보았더니 빨강 팀이 가장 높고 노랑과 주황이 가장 낮았습니다. 빨간 옷을 입으면 대표적인 남성 호르몬인 테스토스테론의 분비가 왕성해져 활력이 넘치기 때문이라고 합니다.

일본의 프로야구 포수인 후루타 아쓰야는 현역 시절 파란색 포수 미트를 사용했습니다. 파란색이 투수의 집중력을 높인다고 보았기 때문입니다. 고토 타카요시 연구 팀은 과녁 색과 배경색을 바꾸고 과녁에 공을 던져 맞히는 실험을 진행했습니다(참고문헌 4). 실험에는 대학의 경식 야구부원 60명이 참여했습니다. 결과에 따르면 파란색 과녁과 노란색 배경일 때 가장 득점이 높았습니다. 이 결과는 포수 미트가 파란색이고 프로텍터가 노란색이면 컨트롤이 좋아진다는 점을 나타냅니다.

이와 같은 몇 가지 실험 결과는 스포츠 용구의 색이나 유니폼 색에 따라 경기력에 차이가 날 수 있다는 것을 보여 줍니다. 물론 차이가 없다는 몇몇 실험 결과도 있습니다. 실제 경기에서는 다른 조건을 동등하게 설정하기가 어렵기 때문에 색만 바꾼다고 해서 색과 경기력의 관계가 명확하게 설명되지는 않습니다. 부족한 근거를 채워 줄 다양한 연구가 이루어져야 하겠습니다.

참고문헌
1. 고토 타카요시, 〈운동과 색(運動と色)〉, 체육의 과학, Vol.33-7, pp.520-522, 1983
2. Russell A. Hill & Robert A. Barton, Psychology: Red enhances human performance in contests., Nature 435, 293, 19 May 2005
3. Durham University News, Come on you reds!, 11 March 2008
4. 고토 타카요시 외, 〈색채가 퍼포먼스에 미치는 영향의 운동학적 연구(1)(色彩がパフォーマンスに及ぼす影響の運動学的研究(その1))〉, 쓰쿠바대학 체육과학계 기요, 1985

[그림 14] 빨강 유니폼과 파랑 유니폼을 입고 경기를 펼치면 빨강 유니폼의
승률이 높을까?

▲ 화이트 와인을 빨갛게 물들이면
레드 와인 향이 날까?

　　　　　　　언젠가 TV에서 눈을 가리고 맛을 비교하여 어느 쪽이 고급 와인인지 맞히는 프로그램을 본 적이 있습니다. 한 병에 수십만 원이나 하는 고급 와인과 만 원짜리 와인의 맛과 향은 당연히 다른데도 의외로 많은 사람들이 정답을 맞히지 못했습니다.

　프랑스 보르도대학에서도 와인 양조학과의 재학생 54명(남녀 비율 1:1)을 대상으로 와인 색과 향의 관계에 대한 실험을 했습니다. 피험자에게 알리지 않고 화이트 와인에 착색료를 섞어 레드 와인과 구별이 되지 않게 한 후 향을 평가하도록 했습니다. 결과에 따르면 대부분의 피험자가 레드 와인을 시음했을 때와 비슷한 표현으로 향을 평가했습니다. 빨갛게 착색한 화이트 와인에서 진짜 레드 와인의 향을 느낀 겁니다.

　예를 들어 그릇에 딸기가 담겨 있다고 해 봅시다. 그중 하나를 먹어도 좋다고 한다면 여러분은 어떤 딸기를 고르시겠습니까? 저라면 가장 빨간 딸기를 고르겠습니다. 빨갈수록 달고 맛있어 보이기 때문입니다. 최근에는 하얀 딸기도 시중에 나와 있지만, 그래도 딸기는 역시 빨갈수록 실제로도 맛있는 경우가 많습니다.

《'맛'의 착각》이라는 책에 색에 대한 또 다른 실험이 소개되어 있습니다. 분홍빛이 도는 빨간색 음료와 초록색 음료가 있을 때, 초록색 음료의 당분을 10퍼센트 늘려도 사람들은 두 음료를 비슷한 정도의 단맛으로 느낀다고 합니다. 다시 말해 당분의 비율이 같다면 빨간색 음료를 초록색 음료보다 달다고 느낀다는 겁니다.

초록색 과실이 익으면 대부분 노랗거나 빨갛게 변합니다. 익을수록 당도도 높아집니다. 일반적으로 초록색 과실은 시고, 빨간색 과실은 달다는 느낌이 있습니다. 따라서 빨간색 음료가 초록색 음료보다 달다는 느낌은 과실의 색에서 영향을 받은 것이라고 할 수 있습니다. 다이어트 때문에 단 것을 자제하는 사람도 빨간색 음료를 마시면 부담 없이 당분 섭취량을 줄일 수 있습니다.

빙수를 만들 때 넣는 딸기 맛, 멜론 맛, 레몬 맛 시럽은 실제로는 빨강, 초록, 노랑으로 착색한 같은 맛의 시럽입니다. 이 사실을 모르고 먹었던 어린 시절에는 빨간색 시럽은 딸기 맛, 초록색 시럽은 멜론 맛, 노란색 시럽은 레몬 맛이 나는 줄로만 알았습니다.

같은 원리로 과자 봉지나 음료의 캔 색을 바꾸면 맛과 향을 어느 정도 꾸며 낼 수 있습니다. 이 밖에도 감각이 서로 영향을 주고받는다는 비슷한 사례가 많은데, 그중에서도 시각의 영향이 가장 큰 부분을 차지합니다.

참고문헌
1. G. Morrot, F. Brochet & D. Dubourdieu, The color of odors., Brain and Language, 2001
2. 찰스 스펜스, 《'맛'의 착각(「おいしさ」の錯覚)》, 가도카와쇼텐, 2018

[그림 15] 화이트 와인에 착색료를 섞어 레드 와인과 구별이 되지 않게 하면 레드 와인의 향이 나는 것처럼 느껴진다. (사진 출처: Aflo)

알아두면 쓸모 있는 컬러 잡학사전

▲ 자외선은 피부에 어떤 영향을 미칠까?

태양광에 포함되는 자외선 중 파장이 100나노미터(1나노미터=10억분의 1미터)보다 긴 자외선은 UV-A(315~400나노미터), UV-B(280~315나노미터), UV-C(100~280나노미터)로 나뉩니다.

UV-C는 대기에서 흡수되어 지상에는 거의 닿지 않습니다. UV-B는 그을림이나 피부염 등을 일으키고 계속 노출되면 피부암과 백내장을 유발할 위험성이 높아집니다. UV-A는 피부 깊숙한 곳까지 닿아 기미 등의 원인이 되고 피부 노화를 일으킵니다. 평소 햇볕에 노출되는 얼굴이나 손 부위의 피부와 옷으로 햇볕이 차단되는 배 부위 등의 피부를 비교해 보면 그 차이가 분명히 보입니다.

자외선에는 좋은 점도 있습니다. 태양광에 포함되는 자외선에는 살균 효과가 있습니다. 창문의 가시광 투과율은 90퍼센트이지만 자외선의 경우는 파장이 짧아지면 투과율이 저하되어 파장이 300나노미터보다 짧은 자외선은 거의 투과되지 않습니다. 따라서 창문 너머로 들어오는 태양광은 살균 효과가 낮다는 점을 주의해야 합니다. 세탁물 등을 살균하고 싶을 때는 바깥에 말리는 것이 효과적입니다.

자외선 중 UV-B에는 뼈 건강에 관여하는 비타민D를 만드는 기능이 있습니다. 노출된 피부 면적에 따라 다르지만 맑은 날에는 10분 정도 햇볕을 쬐면 충분합니다. 임산부가 햇볕을 너무 기피하면 비타민D 부족으로 신생아의 뼈 성장이 더디어질 수도 있다고 합니다.

16~20만 년 전, 아프리카에 등장한 호모사피엔스는 서서히 거주지를 넓혀 나갔고 4만 5,000년 전에는 위도가 높은 유럽으로도 이동하여 살았습니다. 위도가 높으면 태양의 고도가 낮기 때문에 자외선도 약합니다. 그래서 북쪽(고위도)에 정착한 사람들은 필요한 양의 비타민D를 만들기 위해 자외선이 투과되기 쉬운 옅은 피부색을 갖게 되었습니다. 반대로 자외선이 강한 환경에 정착한 사람들은 피부를 지키기 위해 자외선을 흡수하는 멜라닌 색소가 많아져 피부색이 짙고 어둡습니다.

밝은 피부색, 파란 눈동자, 검은 직모 등과 같이 인종을 구별하는 성질은 모두 과거 3만 년 동안에 나타났다고 합니다. 세대교체에 약 20년이라는 긴 시간이 걸리는 사람의 유전자는 수백 년 정도로는 거의 변하지 않습니다. 하지만 3만 년은 사람의 유전자를 바꾸기에 충분한 시간입니다.

▲▲ 생활권은 색의 식별 능력과 무슨 관계가 있을까?

　　　　　밝은 곳에서 작용하는 시각 세포인 추상체는 종류가 많을수록 많은 색을 식별할 수 있고, 1종류만 있으면 색을 식별할 수 없습니다. 추상체를 2종류 가진 사람은 2색형, 3종류 가진 사람은 3색형이라고 합니다. 2색형은 3색형에 비해 식별할 수 있는 색이 적지만, 형태와 명암은 쉽게 식별할 수 있습니다. 3색형의 경우 2색형에 비해 많은 색을 식별할 수 있지만, 형태를 식별할 때는 오히려 색 정보가 방해가 될 수 있습니다. 특히 보호색을 띤 동물을 발견하기 어렵기 때문에 자연 속에서 적이나 사냥감을 찾아내기가 쉽지 않습니다.

　대부분의 사람들은 3색형이지만 한국인 남성의 약 5퍼센트는 2색형입니다. 여성은 대부분이 3색형이고 한국인 여성의 약 0.4퍼센트는 2색형입니다. 2색형의 비율은 인종에 따라서도 다릅니다. 참고문헌의 데이터에 따르면 백인 남성의 약 6~8퍼센트, 황인 남성의 약 4~5퍼센트, 흑인 남성의 약 2.5퍼센트가 2색형입니다. 조사에 따라 약간씩 수치가 다르지만 흑인보다 백인에게서 2색형이 나타나는 비율이 높았습니다. 위도가 높은 북쪽에 사는 사람일수록 사냥을 해서 고기를 먹는 비율이 높고 위도가 낮은 열대 지방에 사는 사람일수록 사냥보다 과실을 먹는 비율이 높습니다. 즉, 북쪽으로 갈수록 사냥에 유리한 2색형의 비율이 높아진 것이라고 할 수 있습니다. 흑인보다는 백인일 때 2색형의 비율이 높은 이유가 바로 그 때문입니다.

원숭이도 2색형과 3색형이 있습니다. 원숭이를 대상으로 한 실험 결과에 따르면 2색형 원숭이는 3색형에 비해 먹잇감인 곤충을 많이 잡을 수 있었습니다. 초록 잎 위에 노란 곤충이 있으면 3색형 원숭이의 눈에 잘 띕니다. 그러나 초록 잎과 같은 색으로 의태를 한 곤충은 색보다는 밝기의 차이가 단서가 되어 명암에 감도가 높은 2색형 원숭이의 눈에 잘 띕니다. 특히 깊은 숲속처럼 어둑한 곳에서는 2색형 원숭이가 곤충을 많이 잡을 수 있다는 사실이 조사를 통해 밝혀졌습니다.

대신에 3색형 원숭이는 익은 과실을 많이 찾을 수 있었습니다. 초록 잎 사이에서 빨갛고 노랗게 물든 과실을 찾으려면 색 정보가 도움이 됩니다. 대부분의 포유류는 추상체가 2종류밖에 없지만 영장류는 익은 과실을 쉽게 찾아낼 수 있도록 3색형을 획득했습니다. 먹이가 될 만한 과실을 쉽게 찾을 수 있으면 그만큼 생존에 유리하게 작용합니다. 과실을 주된 먹이로 삼는 영장류는 진화의 과정에서 추상체 1종류를 더해 초록 잎과 빨갛고 노랗게 익은 과실을 잘 구별할 수 있는 3색형이 된 것입니다.

참고문헌
1. Melin, A.D., et al. Effects of colour vision phenotype on insect capture by a free-ranging population of white-faced capuchins(Cebus capucinus)., Animal Behaviour, 2007
2. 오타 야스오, 《색각과 색각 이상(色覚と色覚異常)》, 가네하라출판, 1999

▲ 파란 눈에는 파란 색소가 있는 걸까?

　　　　　　인종에 따라 눈의 색이 다른 것은 홍채의 색이 다르기 때문입니다. 홍채는 동공의 크기를 바꿔 눈에 들어오는 빛의 양을 조절합니다. 홍채의 색은 멜라닌 색소의 양에 따라 결정됩니다. 검은색을 띠는 멜라닌은 피부 표면 등에 존재하며 자외선으로부터 피부를 지켜 줍니다. 위도가 낮아 태양광이 강한 열대 지방에 사는 사람의 피부색은 검습니다. 대다수 한국인의 눈에도 멜라닌 색소의 양이 많아 짙은 갈색을 띱니다. 멜라닌 색소가 빛을 흡수하여 거의 반사하지 않기 때문에 갈색으로 보이는 것입니다. 반대로 태양광이 약한 북부 유럽 등의 지역에 사는 사람의 눈은 멜라닌 색소가 적어 파란 눈이 많습니다.

　영화 <카사블랑카>에는 '당신의 눈동자에 건배'라는 험프리 보가트의 명대사가 나옵니다. 영화는 흑백이지만 잉그리드 버그만은 파란 눈동자를 가졌으리라 짐작됩니다. 서양 영화에 등장하는 배우의 금발 머리와 파란 눈동자는 사람들을 매료시키는 매력이 있습니다. 짙은 갈색 눈동자에 익숙하다 보니 투명한 파란 눈동자를 보고 있노라면 빨려 들어가는 기분이 듭니다.

그런데 멜라닌 색소가 적은 눈은 왜 파랗게 보일까요? 물체의 색은 색소로 만들어진 것과 구조색으로 만들어진 것이 있습니다. 우리가 일상에서 접하는 대부분의 색은 색소로 만들어집니다. 예를 들어 사과가 빨갛게 보이는 것은 사과 표면에 빨간 색소가 있기 때문입니다. 빨간 색소는 파장이 긴 빨간빛을 반사하고 그 이외의 파장을 흡수하기 때문에 우리 눈에 빨간빛이 닿아 사과가 빨갛게 보이는 것입니다. 반면 파란 눈은 구조색에 해당합니다. 구조색이란 미세한 구조가 빛을 반사하여 만들어 내는 색을 말합니다. 비눗방울, 하늘의 색 등이 구조색입니다.

비눗방울이나 수면에 뜬 기름의 색은 빛의 간섭으로 만들어집니다. 빛의 파동이 겹치면 겹쳐지는 방식에 따라 파동이 강해지거나 약해지면서 색이 만들어집니다. 파란 하늘은 공기 분자가 빛을 산란하여 만들어집니다. 빛의 파장보다 짧은 입자인 공기 분자에 의해 일어나는 빛의 산란을 레일리 산란Rayleigh Scattering이라고 합니다. 레일리 산란은 파장이 짧은 파란빛일수록 잘 일어난다는 특징이 있습니다. 태양광 중 파란빛이 많이 산란되어 지상에 닿기 때문에 사람에게는 하늘이 파랗게 보입니다. 눈이 파랗게 보이는 것도 하늘이 파랗게 보이는 것과 같은 원리입니다. 멜라닌이 적은 홍채는 빛이 잘 흡수되지 않고 레일리 산란으로 파란빛이 반사되기 때문에 눈이 파랗게 보이는 겁니다.

[그림 16] 비눗방울과 하늘의 색은 구조색이다. (사진 출처: Aflo)

알아두면 쓸모 있는 컬러 잡학사전

▲▲ 블루라이트는 정말 눈에 해로울까?

시중에 판매되고 있는 블루라이트 차단용 안경과 필름은 컴퓨터나 스마트폰을 사용할 때 눈에 닿는 블루라이트를 줄여 줍니다. 블루라이트란 파장이 짧은 파란빛을 말합니다. 빛은 파장이 짧을수록 강한 에너지를 가집니다. 블루라이트보다 파장이 짧은 자외선은 에너지가 더욱 강해서 신체에 악영향을 미치기도 합니다. 일각에서는 블루라이트가 망막을 손상시키거나 눈을 피로하게 하는 요인이 된다고 주장합니다.

그런데 블루라이트가 눈에 좋지 않다는 주장은 아직 과학적인 근거가 분명하지 않습니다. 블루라이트 자체는 태양광에도 포함되어 있습니다. 맑은 날 야외에서 눈에 들어오는 블루라이트의 세기는 컴퓨터나 스마트폰을 사용할 때의 100배 정도에 달합니다. 빛이 강한 야외에서는 동공의 지름이 줄어든다는 점을 감안해도 망막에 닿는 블루라이트의 세기는 수십 배에 이릅니다. 따라서 매일 야외에서 일하는 사람에 비하면 컴퓨터나 스마트폰의 사용으로 블루라이트 자체가 눈에 악영향을 미친다고 하기는 어렵습니다.

블루라이트를 많이 포함하는 푸른빛은 집중력을 상승시켜 줍니다. 그렇다 보니 화면을 들여다보는 시간이 길어져 눈이 피로해질 가능성은 있습니다. 또한 블루라이트는 수면 호르몬인 멜라토닌의 분비를 억제합니다. 멜라토닌의 분비가 증가하는 밤에는 블루라이트가 많이 포함된 빛이 멜라토닌의 분비를 억제하여 체내시계를 방해할 우려가 있습니다. 이러한 이유로 블루라이트 차단 안경을 사용한다면 밤에는 유용한 방법이 될 수도 있습니다.

노란빛이 도는 연소식 등이나 백열전구는 블루라이트의 양이 적습니다. 이에 반해 하얀빛이 도는 LED나 형광등에는 블루라이트가 비교적 많이 포함되어 있습니다. 텔레비전, 컴퓨터, 스마트폰의 백라이트에는 LED와 같은 하얀빛이 사용됩니다. 따라서 예전보다 밤중에 블루라이트를 접하는 양이 확실히 많아진 것은 사실입니다.

블루라이트는 가시광 중에서도 에너지가 높다는 점 때문에 눈에 좋지 않다는 이미지가 형성되었습니다. 아직까지는 눈에 해롭다는 명확한 과학적 근거가 없지만 절대적으로 안전하다고도 단언할 수 없는 부분이 있으므로 앞으로의 연구 성과를 기다릴 수밖에 없습니다.

그렇다고 지나치게 걱정할 필요는 없습니다. 체내시계를 정돈하기 위해서는 잠들기 전에 텔레비전이나 스마트폰 이용을 삼가는 것이 좋겠지만 부득이 이용해야 할 때는 블루라이트 차단 안경을 활용하는 것도 하나의 방법이 될 수 있습니다. 다만 블루라이트 차단 안경을 쓰면 시야가 조금 어둡게 보입니다. 또한 노란 기가 돌아 색을 잘 식별할 수 없는 단점도 있으므로 이러한 점을 고려하여 사용 여부를 판단하면 됩니다.

▲ 색의 연상 작용은 일상에서 어떻게 활용될까?

                        색은 사람에게 다양한 감정을 불러일으킵니다. 색에 따라 불러일으키는 감정도 달라집니다. 또한, 사람은 형태보다 색을 먼저 인식하는 경향이 있습니다. 따라서 긴급한 상황처럼 순간적인 판단이 필요한 경우에 대비해 사용되는 표시는 색을 잘 사용해야 잘못 판단하는 일을 줄일 수 있습니다.

색이 유발하는 기본적인 감정은 인종과 민족이 달라도 큰 차이가 없습니다. 예를 들어 초록색은 안전한 감정을 불러일으키고 빨간색은 위험한 감정을 불러일으킵니다. 그래서 도로 신호등의 진행 표시에는 안전한 감정을 불러일으키는 초록색이, 정지 표시에는 위험한 감정을 불러일으키는 빨간색이 만국 공통으로 사용됩니다.

큰 건물에 화재가 발생했을 때는 재빨리 대피해야 합니다. 건물 밖으로 통하는 비상구에 켜진 초록색 유도등은 이쪽으로 와야 안전하다고 알려줍니다. 반대로 진입 금지를 알리는 장소에 사용되는 도로 표지에는 위험한 감정을 불러일으키는 빨간색이 사용됩니다. 운전 중에 잘못 진입하면 마주 오는 차와 충돌할 우려가 있고 생명에도 지장을 줄 수

알아두면 쓸모 있는 컬러 잡학사전

있기 때문입니다.

　허둥대며 화장실을 찾는 긴급한 순간에도 남성용과 여성용을 착각하면 뜻하지 않은 문제가 일어날 수 있습니다. 어느 곳이든 화장실 표지판에 남성용은 파란색 계열의 색, 여성용은 빨간색 계열의 색을 사용한다고 생각했다가 남성용 화장실에도 여성용 화장실에도 파란색 표지판을 사용하는 곳이 있어 놀란 적이 있습니다. 장소에 따라 색 구분이 다른 곳도 있었습니다. 아무래도 색 구분이 통일되어 있지 않은 것 같았습니다.

　요즘은 화장실 표지판에 성별에 따라 다른 색을 적용하는 일이 많이 줄어들었습니다. 외국에서도 남성용과 여성용 화장실에 같은 색을 사용하는 경우가 일반적입니다. 실제로 남녀 화장실 표지판의 색을 파란색과 빨간색으로 고정하여 사용하고 있는 나라는 일본을 제외하면 거의 없습니다. 한 실험에서는 화장실 표지판 색을 남성용은 빨강, 여성용은 파랑으로 설정하여 일본인과 외국인의 반응을 관찰했습니다. 그 결과 대부분의 일본인은 들어갈 곳을 착각한 반면 외국인 중에는 착각하는 사람이 거의 없었습니다. 평소 색에 대한 인식의 차이가 이 실험 결과에 반영된 것입니다. 바야흐로 국제화 시대입니다. 표시의 형태와 색을 통일해서 사용하면 더 편리하지 않을까요?

[그림 17] 부산의 한 화장실의 남녀 표지판 색은 모두 분홍이었다.

▲▲ 왜 나라마다 신호등 색의 배열과
점등 순서가 다를까?

외국에 나가 길을 걷다 보면 다양한 유형의 보행자용 신호등을 볼 수 있습니다. 국내에서 흔히 볼 수 있는 사람 모양의 신호등과 달리 외국의 신호등은 손바닥이나 문자 등을 사용하기도 합니다.

차량용 신호등에는 큰 차이가 없지만 다른 점이 몇 가지 있습니다. 미국이나 한국처럼 우측통행을 하는 나라의 차량 신호등 색은 왼쪽부터 빨강, 노랑, 초록(파랑) 순으로 배열되어 있습니다. 하지만 색 배열이 이와 다른 나라도 있습니다. 일본처럼 좌측통행을 하는 나라는 가로형 신호등의 배열이 왼쪽부터 초록, 노랑, 빨강 순입니다.

국내에서 일반적으로 볼 수 있는 차량 신호등은 가로로 늘어선 형태이지만 외국에는 가로형보다 세로형 신호등이 많습니다. 세로형의 배열은 위부터 빨강, 노랑, 초록입니다. 앞차에 가려 잘 보이지 않는 점을 방지하기 위해 가장 위에 빨강을 배치합니다. 한편 가로형 신호등은 갓길에 심어진 수목에 가려지지 않도록 중앙선 쪽에 빨강을 배치합니다. 우측통행의 경우는 가장 왼쪽, 좌측통행의 경우는 가장 오른쪽이 빨간색입니다. 초록불보다 빨간불을 보지 못하면 위험해질 수 있으므로 빨간색 신호의 배치 순서를 중시하는 겁니다.

　국내의 경우 신호등의 점등 순서는 초록→노랑→빨강→초록 순입니다. 그러나 해외 일부 나라는 신호등의 색이 초록→노랑→빨강→빨강+노랑→초록 순으로 바뀝니다. 빨강에서 초록으로 바로 바뀌지 않고 노랑을 사이에 넣어 운전자에게 곧 초록이 된다는 것을 알려 주는 방식입니다.

　도로 표지와 신호등은 '도로 표지 및 신호에 관한 비엔나 협약'을 통해 국제적으로 공통된 규칙이 정해져 있습니다. 대부분의 유럽 국가는 이 조약을 비준했지만 한국이나 일본처럼 비준하지 않은 국가들도 있습니다. 따라서 전 세계의 신호등 체계와 도로 표지가 모두 같지는 않습니다. 예를 들어 흔히 팔각형 모양으로 생긴 일시정지 표지판이 일본에서는 역삼각형 모양입니다.

　국제화가 진전된 만큼 타국에서 차를 운전할 경우 신호등 체계나 도로 표지가 자국과 달라 헷갈리는 경우가 있습니다. 가능한 한 세계적으로 공통된 규칙을 적용하는 것이 바람직하다고 생각합니다.

▲ 파란빛은 어떻게 체내시계를 움직일까?

우리 몸속에는 하루의 주기에 맞춰 체온, 혈압, 각성도, 호르몬 분비량 등을 변화시키는 체내시계가 존재합니다. 각성도는 기상과 함께 올라가기 시작해서 점심 전에 정점에 달하고 잘 때쯤 내려갑니다. 실험에 따르면 시간을 알 수 없는 상태로 격리된 방에서 생활한 경우 개인차는 있지만 평균 24시간보다 조금 긴 주기로 수면을 취한다고 합니다.

사람의 체내시계는 하루 24시간 주기보다 길기 때문에 매일 체내시계를 돌려 주어야 합니다. 체내시계를 돌리는 데는 아침 햇살이 가장 효과적입니다. 아침에 일어나 햇살을 받으면 체내시계가 리셋됩니다. 빛과 더불어 아침 식사도 체내시계를 돌리는 효과가 있습니다. 아침 햇살을 쬐지 않고 아침 식사도 거르면 체내시계를 맞추기 힘들어집니다. 그러면 오전 중에 각성도가 오르지 않아 일의 능률도 떨어집니다. 어떤 구조로 아침 햇살은 체내시계를 하루 24시간에 맞추는 걸까요?

망막에는 빛을 보기 위한 시각 세포와는 별개로 수면을

촉진하는 호르몬인 멜라토닌 분비에 관여하는 세포가 있습니다. 바로, 멜라놉신을 함유한 망막 신경절 세포입니다. 이 세포는 태양 빛 중에서 파장이 짧은 파란빛의 영향을 강하게 받아 멜라토닌의 분비를 줄이고 각성도를 높입니다. 이렇게 체내시계를 돌려 하루 24시간에 맞춥니다.

밤이 되면 자연스럽게 각성도가 내려가 잠이 옵니다. 따라서 파란빛이 많이 포함된 조명을 밤에 사용하면 멜라토닌 분비가 억제되어 잠들기가 힘들어집니다. 각성도가 내려가지 않아 체내시계가 늦어지는 것이죠. 그러므로 밤에 사용하는 조명은 파란빛이 덜한 노란빛이 어울립니다.

멜라놉신을 함유한 망막 신경절 세포는 왜 파란빛에 반응할까요? 동물은 대략 3억 년 전 육지에 서식하게 되었고 그전까지는 바다에 살았습니다. 바닷속은 수심이 조금 깊어지면 파장이 긴 빛인 빨강과 노랑은 흡수되어 사라지고 파란빛으로 채워집니다. 그래서 체내시계는 파란빛을 따라 반응하게 되었다고 합니다.

사람과 마찬가지로 대부분의 동물도 체내시계를 가지고 있습니다. 주기는 동물에 따라 조금씩 다릅니다. 다만 북극권의 여름은 하루 종일 밝고 겨울은 하루 종일 어두운 시간이 이어지기 때문에 다른 지역과 달리 하루의 주기가 뚜렷하지 않습니다. 그래서 이 지역에 서식하는 순록과 같은 동물에게는 체내시계가 없다고 합니다.

▲ 식탁에는 어떤 색 조명을 다는 게 좋을까?

조명은 음식을 맛있어 보이게 할 뿐만 아니라 소화에 관여하는 타액 분비와 위 기능에도 영향을 미친다는 실험 결과가 있습니다. 지바대학의 가쓰우라 테쓰오 연구 팀은 조명의 밝기와 색이 타액 분비량에 미치는 영향에 관해 남성 40명(20~30세)을 대상으로 조사했습니다(참고문헌 1).

타액 분비량은 혀 밑에 놓은 탈지면의 중량 증가를 통해 측정되었습니다. 결과에 따르면 타액 분비량은 조도 1,500 럭스일 때보다 200럭스일 때 증가했습니다. 또 전구색(노란 기가 도는 백색) 조명일 때가 주광색(푸른 기가 도는 백색)일 때보다 타액 분비량이 증가하는 경향이 있었습니다. 편안한 상태에서는 묽은 타액이 다량으로 분비되어 소화를 돕는다고 알려져 있습니다. 은은한 빛깔의 전구 색이 마음을 편안하게 하여 타액 분비가 촉진된 것입니다.

지바대학의 또 다른 연구 팀은 조명의 색이 위 기능에 미치는 영향에 대해 남녀 학생 13명을 대상으로 조사했습니다(참고문헌 2). 위 기능은 위전도를 활용하여 측정했습니다. 위전도는 복부 피부 표면에 전극을 달아 위의 활동에 따라 발생하는 전위 변화를 계측하는 검사입니다. 결과에 따르면 주광색보다 전구색 조명일 때 위 기능이 정상화되는 경향을 나타냈습니다.

맛있게 식사를 하고 음식물을 잘 소화시켜 흡수하는 과정은 우리의 생활을 풍요롭게 할 뿐만 아니라 살아가는 데에도 중요한 요소입니다. 식사 자리에서는 요리 자체에 눈이 가기 마련이지만 편안한 분위기의 조성도 중요합니다. 참고로 노란빛은 하얀빛에 비해 눈이 덜 부십니다. 식탁 조명은 이러한 특성을 고려하여 요리가 자연스러운 색으로 보이도록 너무 밝지 않고 노란 기가 도는 조명을 선택하는 것이 좋습니다.

참고문헌

1. Katsuura, T. et al., Effects of Color Temperature of Illumination on Physiological Functions,, J Physiol Anthropol Appl Human Sci., 2005
2. Xinqin JIN 외, 〈일본인과 중국인의 위전도에 미치는 미각 자극과 조명의 영향(日本人と中国人の胃電図に及ぼす味覚刺激と照明の影響)〉, 일본생리인류학회지, 2005

▲ 그릇의 색이 맛에 영향을 미칠 수 있을까?

맛에서 연상되는 색에 대한 조사가 있습니다. 결과에 따르면 단맛에서 연상되는 분홍색과 주황색은 익은 과일의 색과 관련이 있습니다. 신맛에서 연상되는 노란색은 레몬 등 감귤류의 색, 짠맛에서 연상되는 하얀색은 소금의 색과 관련이 있습니다.

미각은 사람의 감각 중에서도 성격이 모호해서 외형과 냄새의 영향을 받습니다. 또한, 미각은 색의 영향을 받기도 합니다. 음식 자체가 가진 색뿐만 아니라 용기나 접시의 색이 미각에 영향을 미친다는 몇몇 연구 결과도 있습니다. 결과에 따르면 하얀 접시에 담긴 디저트는 검은 접시에 담긴 디저트보다 달게 느껴지고, 갈색 주전자로 따른 커피는 노란 주전자로 따른 커피보다 진한 맛이 느껴진다고 합니다.

그중에서 지바대학의 오카다 카즈야 연구 팀이 실시한 최신 연구 사례를 소개하고자 합니다. 음료 자체가 가진 색의 영향을 받지 않는 상태에서 용기의 색과 음료 맛의 관계를 알아보는 실험이었습니다.

실험에서는 색이 입혀진 용기에 복숭아 주스와 레모네이

드를 보이지 않게 담아 피험자 10명에게 빨대로 마시게 한 후 느껴지는 단맛과 신맛을 평가하게 했습니다. 맛 평가는 11단계로 나누고, '전혀 맛이 느껴지지 않는다'를 0, '맛이 매우 강하게 느껴진다'를 10으로 설정했습니다. 용기의 색은 검정, 빨강, 노랑, 파랑, 초록, 분홍으로 준비하고 눈을 가리는 조건으로도 진행했습니다.

우선 복숭아 주스를 마셨을 때 느껴진 단맛은 분홍 용기일 때 평가 점수가 가장 높았고 약 8단계였습니다. 평가 점수가 가장 낮은 용기 색은 검정으로, 약 5단계였습니다. 레모네이드의 신맛은 가장 평가 점수가 높은 용기의 색이 노랑으로 약 6단계, 가장 낮은 색은 검정으로 약 3단계였습니다. 각각 3단계 차이가 나기 때문에 통계적으로 차이가 있다고 판단할 수 있는 결과였습니다. 눈을 가리는 조건에서는 최고 점수와 최저 점수의 중간 정도에 해당하는 평가 결과가 나왔습니다.

11단계 평가에서 3단계 차이는 확실히 맛에 차이가 있음을 나타냅니다. 같은 음료를 마셨는데도 이 정도로 차이가 난다니 놀라운 결과입니다. 반대로 말하면 복숭아 주스를 노란 용기에 담아 마셔도 신맛의 감각은 강해지지 않고, 레모네이드를 분홍 용기에 담아 마셔도 단맛의 감각은 강해지지 않는다는 겁니다. 즉, 용기의 색이 맛에서 연상되는 색과 일치하지 않으면 원래의 맛은 더 강해지지 않는다는 의미입니다. 이처럼 용기의 색과 미각의 관계는 단순하지 않아서 용기의 색이 맛에서 연상되는 색과 일치할 때 그 맛이 배가되는 경향이 있습니다.

참고문헌

1. 오쿠다 히로에 외, 〈식품의 색채와 미각의 관계-일본의 20대의 경우(食品の色彩と味覚の関係―日本の20歳代の場合)〉, 일본조리과학회지, 2002

2. 오카다 카즈야, 이치카와 마코토, 〈용기의 색채에 따른 음료에 대한 미각 강도의 변동(容器の色彩による飲料についての味覚強度の変動)〉, VISION, 2021

3

동물의 색에는
나름의
이유가 있다

✦ 색은 말로 할 수 없는 메시지를 담고 있다

▲ 동물의 몸 색깔에는 어떤 이유가 있을까?

동물은 살아남기 위해 크게 2종류의 몸 색깔을 띱니다. 하나는 서식하는 환경에 맞춰 가능한 한 눈에 띄지 않도록 하는 보호색, 다른 하나는 눈에 띄도록 하는 경계색입니다. 보호색 동물 중에는 메뚜기처럼 몸 색깔이 변하지 않는 것과 카멜레온처럼 서식하는 장소에 따라 달라지는 것이 있습니다.

카멜레온의 몸 색깔은 나무 위에 있을 때는 초록, 땅으로 내려오면 갈색으로 변해 배경이 달라져도 그 색에 녹아듭니다. 이렇게 몸 색깔을 바꿔 포식자의 눈에 잘 띄지 않게 되면 먹잇감이 될 가능성이 낮아집니다. 반대로 피식자에게도 잘 보이지 않아 먹잇감을 잡기 수월해집니다. 카멜레온은 기분에 따라서도 색을 바꿉니다. 화가 나면 붉어지고 겁을 먹으면 잿빛이 됩니다. 구조색을 활용하는 카멜레온은 피부 표면의 요철 간격을 변화시켜 몸 색깔을 바꿉니다. 각도에 따라 CD의 색이 다르게 보이는 것과 같은 구조입니다.

바다의 카멜레온으로 불리는 갑오징어는 오징어잡이나 적으로부터 몸을 보호할 때 몸 색깔을 바꿉니다. 갑오징어도 구조색을 활용합니다. 그러나 갑오징어는 색각이 발달되어 있지 않아 정작 색이 바뀐 것을 스스로는 알아차리지 못한다고 합니다.

계절에 따라 색을 바꾸는 동물도 있습니다. 뇌조는 주로 고산지대에 서식하는 새로, 여름에는 바위 표면의 색에 맞춰 갈색을 띱니다. 겨울에는 산이 눈으로 덮일 무렵 깃털이 하얗게 변합니다. 여우와 같은 천적의 눈에 띄지 않도록 하기 위해서입니다.

성장에 따라 색을 바꾸는 동물도 있습니다. 귤나무 등에 서식하는 호랑나비 유충은 알을 깨고 나와 얼마 동안 몸집이 작은 시기에는 검은색을 띱니다. 그런데 왜 눈에 띄기 쉬운 검은색일까요? 포식자인 새의 눈에 띄지 않으려고 새똥으로 위장한 것입니다. 몸집이 새똥보다 커지면 이번에는 귤잎 색에 맞춰 초록으로 바뀝니다. 이러한 변화는 실험을 통해서도 확인되었습니다.

열대지방에 서식하는 독사나 독거미 중에서는 빨강이나 노랑 등 화려한 색을 띠는 종류가 많습니다. 다른 동물에게 들키기 쉬운데도 불구하고 눈에 띄는 색을 띠는 이유는 무엇일까요? 독을 가진 동물, 불쾌한 맛이나 악취가 나는 동물의 색이 유독 눈에 잘 띄는 경우, 이러한 색을 경고색이라고 합니다. 한번 쏘였거나 먹고 나서 곤욕을 치른 적이 있는 포식자에게 비슷한 색채의 동물을 먹지 말라고 경고를 보내는 것입니다.

무당벌레는 눈에 잘 띄는 빨간색입니다. 무당벌레가 내뿜는 노란 액체는 새가 뱉어낼 정도로 맛이 없다고 합니다. 무당벌레는 스스로를 지키기 위해 눈에 띄는 빨강으로 맛이 없음을 알리는 것입니다. 식물 중에는 독버섯이 빨강이나 노랑 등의 선명한 색을 띕니다. 독버섯은 선명한 색으로 독이 있다고 알려 먹지 말라는 경고를 보냅니다.

검정과 노랑 줄무늬의 벌도 눈에 잘 띕니다. 두 색의 조합은 눈에 잘 띄고 보는 사람에게 주의가 필요하다는 감정을 불러일으켜 도로 표지나 출입 금지 장소 등에 자주 활용됩니다. 벌도 '가까이 오면 위험하다'라는 것을 색으로 알리는 것입니다. 한편 벌은 흰색보다 검은색을 향해 공격하는 습성이 있습니다. 벌의 천적이 검은 곰이기 때문입니다. 그래서 벌을 퇴치할 때는 흰색 방호복을 입습니다.

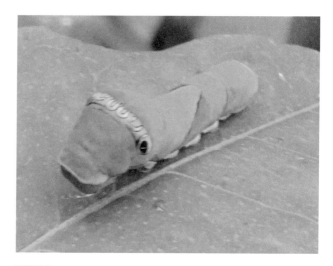

[그림 18] 호랑나비 유충은 몸집이 커지면 귤잎 색에 맞춰 초록색으로 바뀐다.

[그림 19] 벌은 '가까이 오면 위험하다'라는 것을 검정과 노랑 줄무늬 색으로 알린다. (사진 출처: Aflo)

▲ 포유류 중에는 왜 초록색 동물이 없을까?

동물의 색은 다채롭습니다. 거의 모든 색을 동물에게서 찾을 수 있을 정도입니다. 색이름 중에는 쥐색, 상아색, 새우색[+], 연어색[++], 솔개색[+++], 낙타색처럼 동물의 이름을 따와 붙인 것도 있습니다. 그런데 이렇게 다양한 동물의 색 중에서도 파랑과 초록은 흔하지 않습니다. 파란빛을 가진 동물은 곤충인 모르포나비, 양서류인 독화살개구리, 조류인 앵무새, 어류인 파랑점자돔 등이 있지만 그 수가 적고 포유류에는 아예 없습니다.

초록빛을 가진 동물로는 곤충인 귀뚜라미, 양서류인 개구리, 파충류인 뱀 등이 있습니다. 이들의 주된 천적은 조류와 파충류입니다. 색각이 발달되어 있는 조류와 파충류는 색을 잘 식별할 수 있습니다. 따라서 포식자의 눈에 잘 띄지 않는 초록빛을 띠면 생존에 유리합니다. 초원에 사는 동물은 초록빛이 보호색이 되어 천적의 눈에 잘 띄지 않고, 먹잇감에게도 들키지 않고 접근할 수 있습니다.

[+] 거무스름한 적갈색.

[++] 연어의 속살과 같이 노란빛을 띤 분홍색.

[+++] 다갈색

그런데 초록빛을 띤 포유류는 없습니다. 초식동물인 포유류의 포식자는 대부분 같은 포유류인 육식동물입니다. 육식동물은 색각이 잘 발달되어 있지 않아 초록과 노랑을 식별하기 어렵습니다. 따라서 굳이 초록으로 몸 색깔을 바꾼다고 해도 그다지 이점이 없습니다. 더군다나 포유류에게는 애초에 초록 색소를 만드는 유전자가 없습니다.

포유류는 다른 척추동물이나 곤충에 비해 몸 색깔의 종류가 많지 않습니다. 특히 선명한 색을 띠는 동물이 거의 없습니다. 앞에서 예를 든 독사나 독거미처럼 독을 가진 동물은 선명한 경고색을 띱니다. 눈에 띄는 색으로 독이 있다고 포식자에게 알리는 것입니다. 하지만 독을 가진 포유류는 거의 없습니다. 포유류의 몸 색깔이 칙칙한 이유는 다른 척추동물이나 곤충 등에 비해 충분히 색을 식별할 수 없다는 점과도 관련이 있습니다. 많은 색을 식별할 수 있는 동물일수록 눈에 띄는 화려한 색을 띠는 경향이 있습니다.

한편 색각이 발달되어 있는 일부 원숭이와 사람은 다른 포유류에 비해 많은 색을 식별할 수 있습니다. 아프리카의 열대우림에 사는 맨드릴은 원숭이과에 속하는데 코가 빨갛고 코 양쪽이 선명한 하늘색을 띱니다. 암컷 맨드릴은 얼굴빛이 선명한 수컷을 선호하는 경향이 있다고 합니다. 일본원숭이는 엉덩이가 빨갛습니다. 번식기가 되면 엉덩이가 점점 더 붉어져 암컷을 유인합니다.

참고문헌

V. B. Meyer-Rochow,《동물들의 기행에는 이유가 있다(動物たちの
奇行には理由がある)》, 기술평론사, 2009

[그림 20] 맨드릴은 코가 빨갛고 코 양쪽이 선명한 하늘색이다. (가봉공화국,
사진 출처: Aflo)

알아두면 쓸모 있는 컬러 잡학사전

▲ 북극곰은 왜 하얗게 보일까?

북극곰은 검은 불곰이 북극권으로 서식지를 옮겨 진화한 종입니다. 두꺼운 피하지방과 보온성이 높은 하얀 털 덕분에 가혹한 극한의 땅에 정착할 수 있게 되었습니다. 육식동물인 북극곰은 주로 얼음 위에서 생활하며 바다표범 등을 잡아먹습니다. 헤엄을 잘 쳐서 얼음 위에 먹잇감이 있을 때는 바다에 잠수하여 살며시 다가갑니다. 무게가 800킬로그램에 달할 정도로 몸집이 커서 지상 최대의 육식동물로도 알려져 있습니다.

북극곰은 몸 색깔이 하얘서 백곰이라고도 부릅니다. 털이 나 있는 곳은 하얗게 보이지만 털이 나 있지 않은 코는 검은색을 띱니다. 피부도 불곰처럼 검습니다. 검은 피부는 피부에 닿은 태양광을 흡수하여 몸을 따뜻하게 해줍니다. 북극곰의 털을 가까이에서 자세히 보면 투명합니다. 빨대처럼 중심이 비어 있고 안에는 공기가 채워져 있습니다. 투명한 털이 하얗게 보이는 이유는 공기층에서 빛이 산란되기 때문입니다. 같은 이유로 투명한 얼음을 갈면 하얗게 보이고, 투명한 물이 파도를 치며 부서질 때는 하얀 물보라를 일으킵니다. 이러한 현상들도 빛의 산란으로 일어납니다.

북극권에 사는 북극곰에게 중심이 비어 있는 투명한 털은 없어서는 안 될 존재입니다. 눈과 얼음으로 뒤덮인 북극에서는 하얀 몸 색깔이 눈에 잘 띄지 않습니다. 먹잇감에게 들키지 않고 가까이 다가갈 수 있어 먹이 사냥에 유리합니다. 또한, 비어 있는 털 내부에는 공기가 채워져 있어 보온성을 높이는 효과가 있습니다. 스웨터나 다운 점퍼처럼 안에 공기가 많이 채워져 있을수록 단열 효과를 높여 추위를 막아 주는 원리입니다. 중심이 비어 있는 털은 부력이 작용하여 물에서 헤엄을 칠 때도 유리합니다. 덩치가 큰 북극곰이 바다에서 능숙하게 헤엄을 칠 수 있는 이유도 털에 숨겨진 비밀 덕분입니다.

동종 혹은 가까운 종일 경우, 추운 곳에 사는 동물일수록 몸집이 큰 현상을 베르그만의 법칙Bergmann's Rule이라고 합니다. 몸집이 커지면 체중당 표면적이 작아집니다. 예를 들어 구의 반지름이 2배가 되면 표면적은 4배, 체중은 8배가 됩니다. 체중당 표면적이 작으면 몸의 표면에서 열이 잘 빠져나가지 않습니다. 따라서 추운 곳에서도 체온을 유지하기가 수월해집니다. 참고로 열대 지방에 사는 말레이곰의 몸길이는 북극곰의 절반밖에 되지 않는다고 합니다. 이처럼 북극곰은 몸집을 키워 피부 아래 지방을 많이 축적하고 검은 털은 내부가 비어 있는 투명한 털로 변화시켜 극한의 땅에서도 살아갈 수 있게 되었습니다.

▲ 안내견은 인간의 눈을 완전히 대체할 수 있을까?

사람의 망막에는 색을 식별하기 위해 밝은 곳에서 작용하는 3종류의 시각 세포(추상체)가 있다고 앞서 프롤로그와 제1장에서 설명했습니다. 빛의 파장(색)에 따라 감도가 다른 3종류의 시각 세포가 있고, 신호의 크기에 따라 색을 식별합니다.

일반적으로 시각 세포의 종류가 2종류보다는 3종류, 3종류보다는 4종류일 때 더 많은 색을 식별할 수 있습니다. 시각 세포가 1종류면 명암은 식별할 수 있지만 색의 식별은 불가능합니다. 따라서 세상이 옛날 흑백영화처럼 보이게 됩니다.

약 1억 년 전 공룡이 번성했던 시절, 포유류는 고난의 시대를 보내며 쥐처럼 작은 야행성 동물로 간신히 살아남았습니다. 야행성 동물에게는 색을 식별하는 능력보다 어둠 속에서도 물체를 볼 수 있는 감도 높은 눈이 필요했습니다. 그래서 발달된 색각의 일부는 소실되고 2종류의 시각 세포가 남게 되었습니다. 지금도 말이나 사자 등 대부분의 포유류는 2종류의 시각 세포를 가지고 있습니다.

과실을 먹이로 삼는 원숭이나 사람은 진화를 거치는 동안 추상체의 종류를 2종류에서 3종류로 늘려 색각을 발달시켰습니다. 초록색 과실은 익어갈수록 빨강이나 노랑으로 색이 변합니다. 과실을 먹이로 삼는 동물의 눈에 띄어야 씨를 멀리 퍼뜨릴 수 있기 때문입니다. 원숭이나 사람처럼 과실을 먹이로 삼는 동물은 재빨리 익은 과실을 찾기 위해 색각을 발달시켰습니다. 단순히 초록 잎 사이에서 빨갛고 노란 과실을 식별할 수 있을 뿐만 아니라 빨간색과 노란색을 도드라져 보이는 색으로 지각하게 된 것입니다. 따라서 잡다한 배경 속에서도 빨간빛이나 노란빛을 띤 물체가 도드라져 보여 쉽게 찾아낼 수 있습니다. 한편 과실 대신 풀을 뜯어 먹고 사는 동물이나 육식동물은 색각이 발달되어 있지 않습니다. 색각의 발달이 필요하지도 않습니다.

개는 대부분의 포유류와 마찬가지로 추상체가 2종류밖에 없습니다. 사람에 비하면 색의 식별 능력이 떨어지고 시력도 좋지 않습니다. 대신 후각이 상당히 발달하여 이를 보완해 줍니다. 군마대학 가이세 히로시의 실험 결과에 따르면 냄새의 종류에 따라 다르지만 개의 후각은 사람의 후각의 100만 배에 이르는 감도(냄새를 구별하는 힘)를 가지고 있다고 합니다. 그만큼 개는 후각을 통해 많은 정보를 얻습니다.

안내견은 눈이 불편한 사람을 도와줍니다. 우리는 안내견이 사람처럼 똑같이 볼 수 있다고 여기기 쉽지만, 안내견은 사람처럼 색을 볼 수 없을뿐더러 미세한 것도 볼 수 없습니다. 따라서 신호등이나 표지 등의 색과 형태를 완전히 식별할 수 없다는 점에 주의해야 합니다.

참고문헌
가이세 히로시, 〈개의 냄새 조건반사에 의한 후각 연구(犬の匂条件反射による嗅覚の研究)〉, 기타칸토의학, 1969

[그림 21] 안내견은 신호등과 표지 등의 색과 형태를 완전히 식별할 수 없다는 점에 주의해야 한다.

🔺 번식기의 수컷 새는 왜 화려한 색을 띨까?

　　　　　동물의 화려한 색에는 몇 가지 이유가 있습니다. 대부분의 목적은 포식동물인 적으로부터 몸을 보호하는 것입니다. 독사와 무당벌레가 색으로 경고를 보낸다는 점은 앞에서도 설명했습니다. 화려한 색으로는 빠질 수 없는 열대의 산호초에 사는 물고기도 선명한 빨간빛이나 노란빛을 띱니다. 산호나 말미잘과 같은 동물도 색이 뚜렷합니다. 오히려 그 안에서는 화려한 색일수록 눈에 잘 띄지 않아 적의 습격을 피할 수 있기 때문입니다.

　새 중에도 화려한 색을 띠는 종류가 있습니다. 수컷 공작새나 원앙새의 날개는 눈에 잘 띄는 선명한 색입니다. 반대로 암컷은 수수하고 눈에 잘 띄지 않습니다. 수컷의 색이 선명하고 아름다운 이유는 암컷을 유혹하기 위해서라고 합니다. 그러나 화려한 색은 적에게 노출되기 쉽기 때문에 생존에는 불리합니다.

　공작새의 천적은 몽구스, 표범, 호랑이 등과 같은 색각이 발달되어 있지 않은 육식 포유류입니다. 다행히 이들 천적들의 눈에는 공작새의 날개 색이 화려하게 보이지 않을 수도 있습니다. 대신 큰 날개는 눈에 잘 띌 수 있습니다. 그래서 수컷 공작새의 긴 깃털은 번식기가 지나면 빠진다고 합니다.

원앙새의 천적은 맹금류나 까마귀와 같은 조류입니다. 조류는 색각이 발달되어 있어 선명한 색은 도드라져 보입니다. 원앙새도 공작새처럼 번식기가 지나면 선명한 색의 깃털이 빠지고 수수한 색으로 돌아옵니다. 번식기를 넘겼으니 암컷의 유인보다는 천적에게 노출되지 않고 살아남는 일이 우선시됩니다.

왜 번식기의 수컷 공작새나 원앙새는 위험을 무릅쓰면서도 화려한 색을 띠는 걸까요? 이를 설명해 주는 논리가 바로 핸디캡 이론Handicap Theory입니다. 화려한 색을 띠면 눈에 잘 띄어 적의 습격을 당하기 쉽습니다. 즉, 생존에 핸디캡을 안게 됩니다. 그럼에도 불구하고 살아남았다는 것은 그만큼 강인하다는 증거입니다. 암컷은 튼튼하고 건강한 새끼를 낳아 자신의 유전자를 남기기 위해 강한 수컷을 찾습니다. 따라서 화려하고 아름다운 색을 띠는 수컷에게 끌린다는 것이 핸디캡 이론의 배경입니다.

이처럼 암컷이 화려한 수컷에게 끌리기 때문에 수컷의 날개는 점점 더 선명한 색을 띠게 되었습니다. 그러므로 지금 우리가 보고 있는 수컷의 화려함은 적의 습격을 당할 위험성과 암컷을 사로잡을 수 있는 매력 사이에서 균형을 맞춰 결정된 것일 수도 있습니다.

참고문헌
이나가키 히데히로 외,《달팽이의 진수성찬은 블록담!?(カタツムリのごちそうはブロック塀!?)》, 가도카와학예출판, 2012

[그림 22] 수컷 원앙새(좌)의 날개는 암컷(우)을 유혹하기 위해 눈에 잘 띄는 선명한 색을 띤다. (사진 출처: Aflo)

▲ '휘파람새색'은 무슨 색일까?

　　　　　　　이제는 화투를 즐기는 광경을 거의 볼
수 없게 되었습니다. 화투가 사라지는 것도 시간문제인 것
같습니다. 화투패 중에는 꽃이 핀 매화나무에 휘파람새가
앉아 있는 그림이 있습니다. 그림 속 휘파람새는 밝은 초록
빛을 띠고 있습니다.

　휘파람새의 울음소리는 까마귀나 닭이 우는 소리만큼 친
숙합니다. '휘이 휘이이이'하고 휘파람을 불 듯이 우는 것은
수컷 휘파람새입니다. 물론 그 모습을 쉽게 볼 수는 없습니
다. 휘파람새는 조심스레 덤불 속에 몸을 숨기고 좀처럼 사
람들 눈에 띄는 곳에 나타나지 않기 때문입니다.

　색이름 중에는 동물이나 식물 등 자연의 색에서 유래한
것이 많습니다. 쥐색, 따오기색, 오렌지색, 팥색, 올리브색,
물색 등 손에 꼽자면 끝이 없습니다. 이러한 색이름은 이름
을 따온 대상 자체의 색과 일치합니다. 예를 들어 따오기색
은 따오기의 날개깃 색인 밝고 연한 자주색입니다.

　그렇다면 휘파람새색은 어떤 색일까요? 일반적으로는 밝
은 황록색을 가리킵니다. 최근에는 거의 볼 수 없지만 일명

'휘파람새 빵'의 팥소는 밝은 황록색입니다. 그러나 실제 휘파람새는 밝은 황록색이 아니라 칙칙한 갈색에 가깝고 참새와 비슷한 색을 띱니다. 크기까지 참새와 비슷합니다. 실제 휘파람새는 갈색에 가까운 색인데 왜 휘파람새색은 밝은 황록색으로 잘못 알려지게 된 걸까요?

동박새라는 새가 있습니다. 실은 이 동박새가 밝은 황록색을 띱니다. 앞서 말했듯이 휘파람새의 울음소리는 자주 들을 수 있지만 모습은 거의 볼 수 없습니다. 반면 동박새는 휘파람새보다 몸집이 약간 작고 이른 봄이 되면 매화나 동백꽃의 꿀을 찾아오기 때문에 비교적 자주 볼 수 있습니다.

동박새는 눈 가장자리에 하얀 띠가 있고 날개는 밝은 초록색입니다. 이 동박새를 휘파람새로 착각하여 휘파람새색이 밝은 황록색으로 잘못 알려졌다고 합니다. 다만 확실한 이유는 밝혀지지 않았습니다.

태양은 붉은색으로 그리는 경우가 많지만 실제로 해가 질 때를 제외하면 흰색입니다. 달은 노랗게 그리지만 지평선에 가까운 경우 이외에는 흰색입니다. 왕벚나무 꽃도 실제 꽃잎은 흰색이지만 분홍색으로 그립니다. 이처럼 사람들이 가지고 있는 색에 대한 이미지와 실제 색은 차이가 있는 경우가 많습니다.

알아두면 쓸모 있는 컬러 잡학사전

▲ 플라밍고는 왜 분홍색일까?

플라밍고는 아프리카와 남아프리카의 소금 호수 등에 서식하는 몸집이 큰 새입니다. 분홍과 빨강을 띠는 날개와 다리가 특징입니다. 동물의 색은 대부분 동물이 자체적으로 만들어 내는 색소로 유지되지만 일부 동물은 스스로 색소를 만드는 대신 먹이에서 색소를 얻습니다. 플라밍고의 몸을 물들이고 있는 색소도 먹이에서 얻은 것입니다. 플라밍고의 먹이는 소금 호수에 서식하는 조류나 새우와 같은 갑각류입니다. 갑각류에는 붉은색을 만드는 카로티노이드carotinoid가 함유되어 있습니다. 이 카로티노이드가 깃털과 다리에 축적되어 분홍과 빨강으로 물드는 것입니다.

카로티노이드는 동식물에 널리 분포하는 색소의 총칭으로, 베타카로틴β-carotene이나 라이코펜lycopene 등과 같은 성분이 여기에 속합니다. 카로티노이드 색은 빨강 이외에 노랑, 주황, 보라가 있습니다. 빨간 토마토나 파프리카에도 카로티노이드가 함유되어 있습니다. 카로티노이드는 유해한 활성산소를 제거하는 항산화 기능을 가진 성분으로 건강을 위해 섭취를 권장하기도 합니다.

[그림 23] 플라밍고는 먹이에 함유된 카로티노이드가 깃털과 다리에 축적되어 분홍과 빨강으로 물든다. 갓 태어난 새끼 플라밍고의 몸에는 카로티노이드가 축적되어 있지 않아 하얀빛을 띤다. (홍색 플라밍고, 사진 출처: Aflo)

갓 태어난 새끼 플라밍고의 몸에는 카로티노이드가 축적되어 있지 않아 하얀 빛깔을 띱니다. 어미 플라밍고는 식도 부근에서 분비되는 일명 '플라밍고 밀크'를 먹여 새끼를 키옵니다. 카로티노이드가 함유되어 빨간빛을 띠는 플라밍고 밀크는 새끼의 몸을 서서히 분홍빛으로 물들입니다. 대신 어미의 몸에서는 카로티노이드가 빠져나가 분홍빛이 옅어집니다.

플라밍고는 빨간 색소가 함유된 먹이를 먹지 못하면 분홍빛이 점점 옅어집니다. 동물원에서 키우는 플라밍고에게는 카로티노이드가 함유된 먹이를 주어 분홍빛 몸을 유지할 수 있도록 도와줍니다.

플라밍고는 선명한 분홍이나 빨강을 띨수록 번식 상대를 수월하게 찾을 수 있어 짝짓기에 유리합니다. 그래서 번식기가 다가온 플라밍고는 색을 더욱 선명하게 물들이기 위해 카로티노이드가 함유된 먹이를 많이 먹는다고 합니다.

참고문헌
Steve Parker, 《동물이 보는 세계와 진화(動物が見ている世界と進化)》, X-Knowledge, 2018

▲ 호랑나비 번데기는 어떻게 색으로 몸을 보호할까?

호랑나비의 번데기 색은 초록이나 갈색 혹은 그 중간색입니다. 어떤 색이 될지는 번데기가 될 때의 환경 조건에 따라 달라집니다. 히라가 소타의 연구에 따르면 색을 결정하는 가장 큰 요인은 번데기가 되는 곳의 표면 상태입니다. 매끈매끈하면 초록, 까칠까칠하면 갈색이 됩니다. 그 밖에 초록이 되기 쉬운 조건은 곡률 반경이 작아 가늘고 온도와 습도가 높으며 어두운 곳입니다. 이 조건들이 종합적으로 작용하여 색이 결정됩니다.

초록빛은 유충일 때부터 가지고 있던 초록 색소가 작용하여 나타납니다. 갈색은 조건이 충족되었을 때 표피 세포에서 멜라닌 색소가 만들어지고 쌓이면서 나타납니다.

필자는 몇 년 전부터 화분에 심은 작은 레몬 나무를 집안 베란다에서 키우고 있습니다. 아파트 10층 높이인데도 매년 호랑나비가 날아와 두어 개의 노랗고 작은 알을 낳습니다. 호랑나비는 한 나무에 많은 알을 낳지 않고 여러 나무에 조금씩 나누어 낳는다고 합니다. 유충이 되면 레몬잎을

알아두면 쓸모 있는 컬러 잡학사전

먹기 때문에 알을 발견하면 제거해야 합니다.

알을 일일이 찾아 제거하기도 쉽지 않아서 가끔은 알을 깨고 나와 유충이 되고, 번데기가 되는 경우도 있습니다. [그림 24]가 집 베란다에서 발견한 번데기를 찍은 사진입니다. 번데기가 된 곳은 화분의 측면이고 번데기 색은 초록입니다. 플라스틱 화분의 표면은 매끈매끈하고 굵기는 굵은 편이지만 온도가 높고 어두컴컴합니다. 완벽하지는 않지만 초록빛이 되는 조건이 대부분 조성되어 있습니다. 왜 호랑나비 번데기는 환경 조건에 따라 색이 바뀔까요?

호랑나비 번데기의 천적은 새입니다. 호랑나비 유충은 성장한 귤류 나무에서 번데기가 됩니다. 번데기가 되는 곳은 주로 나뭇잎, 잔가지, 마른 가지, 줄기 등입니다. 표면이 매끈매끈한 나뭇잎이나 잔가지 주위의 초록 잎에 맞춰 초록빛이 되면 천적의 눈에 잘 띄지 않을 수 있습니다. 마찬가지로 표면이 까칠까칠한 마른 가지나 줄기 색에 맞춰 갈색으로 변하면 쉽게 눈에 띄지 않습니다.

호랑나비 유충은 크기가 작을 때는 검은 새똥으로 의태를 하고 커지면 초록빛을 보호색으로 활용합니다. 번데기가 될 때도 주변 환경에 맞춰 보호색을 갈아입습니다. 이처럼 천적의 표적이 되지 않기 위해 성장 단계에 따라 색을 바꿔 스스로를 보호합니다.

참고문헌

히라가 소타, <호랑나비류 번데기의 색채 결정 기구, 곤충 DNA(アゲ
ハチョウ類の蛹の色彩決定機構、昆虫DNA)>, 연구회 뉴스레터, Vol.5,
2006

[그림 24] 필자의 집 베란다에 있는 화분 측면에서 발견한 호랑나비 번데기.

🔺 비단벌레는 왜 반짝반짝 빛날까?

비단벌레와 풍뎅이의 날개는 금속의 광택처럼 반짝반짝 빛나는 색을 띱니다. 바로 구조색의 일종입니다. 날개 표면에는 빛의 파장보다 얇은 막이 겹쳐져 있습니다. 비눗방울이나 물에 뜬 기름막이 만들어 내는 색과 같은 원리로 나타나는 색입니다. 일본에서 '비단벌레색'을 뜻하는 '다마무시이로(玉虫色)'라는 말은 어느 쪽으로도 해석할 수 있는 애매한 표현을 가리키는 단어로 사용됩니다. 비눗방울처럼 비단벌레 날개도 보는 방향에 따라 색이 바뀌는 모습에서 유래한 것입니다.

색소가 만들어 내는 색과 달리 구조색은 시간이 흘러도 퇴색되지 않습니다. 그래서 예로부터 비단벌레 날개는 장식물에 사용되기도 했습니다. 신라시대의 마구(馬具) 중 하나인 '비단벌레 장식 금동 말안장 뒷가리개'나 일본 국보로 호류지에 보관된 '옥충주자(玉虫厨子)'가 그 예입니다.

벌레는 일반적으로 천적의 눈에 띄지 않게 몸 색깔을 주위에 맞춰 위장합니다. 하지만 반대로 일부러 눈에 띄는 색을 띠는 것도 있습니다. 독거미나 벌처럼 빨강이나 노랑으로

[그림 25] 비단벌레 날개는 금속의 광택처럼 반짝반짝 빛나는 색을 띠며 비눗방울처럼 보는 방향에 따라 색이 달라진다. (사진 출처: Aflo)

독이 있음을 알려 적의 습격을 막기도 합니다. 무당벌레처럼 악취가 나서 맛이 없다는 것을 알리려면 눈에 띄는 색이 효과적입니다. 또한 암컷에게 구애하기 위해 수컷이 선명한 색을 띠는 경우도 있습니다.

그럼 비단벌레의 날개는 왜 반짝반짝 빛을 낼까요? 수컷뿐만 아니라 암컷의 날개도 빛나는 걸 보면 구애의 목적은 아닌 듯합니다. 수컷이 암컷을 발견하는 데는 도움이 될 수도 있겠군요. 그렇다고 독을 품고 있지도 않습니다.

비단벌레는 새가 천적입니다. 비단벌레가 빛을 내는 이유는 새가 빛나는 색을 싫어하기 때문이라고 합니다. 베란다에 비둘기가 접근하지 못하도록 반짝반짝 빛나는 비둘기 퇴치용 CD를 매달아 두거나 벼가 익을 무렵 반짝거리는 참새 퇴치용 테이프를 논가에 두르는 것도 같은 이치입니다. 이처럼 비단벌레는 천적이 싫어하는 색으로 스스로를 보호한다고 할 수 있습니다. 그러나 아직 명확한 증거가 없어 사실 여부는 확인할 수 없습니다.

참고문헌
기노시타 슈이치, 〈곤충에 의한 색 정보의 생성과 이용(昆虫による色情報の生成と利用)〉, 정보처리, Vol.50-1, 2009

🔺 곤충의 피는 왜 빨갛지 않을까?

우리에게 위험하다는 감정을 불러일으키는 빨간색은 혈액의 색과 관련이 있습니다. 길을 가다 넘어진 어린아이는 처음에는 아무렇지 않은 표정을 짓다가도 무릎에 붉은 피가 번지는 것을 보면 갑자기 울기 시작합니다. 몸을 보호하려는 방어 본능이 작용하는 것일 수도 있습니다.

사람의 몸에는 약 5리터의 혈액이 흐르고 있습니다. 혈액은 몸속을 돌아다니며 전신에 산소와 영양분을 공급하고 이산화탄소와 노폐물을 수거하는 작용을 합니다. 혈액은 적혈구, 백혈구, 혈소판 등으로 구성됩니다. 적혈구는 몸 곳곳에 산소를 운반하고 이산화탄소를 폐로 수거합니다. 백혈구는 체내에 침입한 바이러스나 세균으로부터 몸을 지켜 줍니다. 혈소판에는 출혈을 억제하는 기능이 있습니다.

척추동물의 혈액이 붉게 보이는 이유는 적혈구에 포함된 헤모글로빈이라는 단백질의 색 때문입니다. 이 헤모글로빈이 산소를 운반하는 역할을 합니다. 철분으로 구성된 헤모글로빈은 산소와 결합하면 선명한 붉은색을 띠고 산소와 분리되면 검붉은색을 띱니다.

알아두면 쓸모 있는 컬러 잡학사전

그런데 곤충의 혈액은 빨갛지 않습니다. 곤충의 혈액은 영양분은 운반하지만 산소를 운반하지 않아서 적혈구가 없습니다. 곤충의 혈액은 투명하거나 옅은 노랑, 초록을 띱니다. 그럼 곤충은 어떻게 몸 곳곳에 산소를 운반할까요?

곤충은 몸이 작아서 혈액을 사용하지 않아도 체내로 산소를 운반할 수 있습니다. 곤충의 배에는 산소를 받아들이는 기문이라는 구멍이 있습니다. 몸속에 퍼져 있는 가느다란 공기관(기관)을 통해 산소를 운반하는 것입니다. 곤충의 몸이 작기 때문에 가능한 일입니다.

3억 년 전 날개를 펼친 크기가 70센티미터나 되는 거대한 잠자리가 존재했다는 사실이 화석의 발견으로 알려졌습니다. 이 거대한 잠자리도 적혈구를 가지고 있지는 않았을 겁니다. 그럼 어떻게 산소를 체내로 운반했을까요?

그 당시의 대기는 지금보다 산소 농도가 높아 공기 중에 산소가 차지하는 비율이 30퍼센트 이상이었다고 합니다. 따라서 몸집이 거대해져도 어떻게든 산소를 체내에 운반할 수 있었습니다. 그러나 한때 번성했던 거대 곤충은 지구의 대기 중 산소 농도가 낮아진 탓에 멸종하고 말았습니다.

현재 지구상에서 가장 번성한 동물은 곤충입니다. 그러나 척추동물에 비해 곤충의 몸이 작은 것은 오늘날 지구의 대기 중 산소 농도가 20퍼센트로 낮아진 영향도 있습니다.

▲ 반딧불이는 왜 빛을 낼까?

여름이 되면 신록이 우거진 뒷산에서 반딧불이를 볼 수 있습니다. 일본에서 가장 밝게 빛나는 반딧불이 중 하나인 겐지반딧불이(겐지보타루)는 황록색 빛을 냅니다. 같은 겐지반딧불이라도 서일본이냐 동일본이냐에 따라 빛이 점멸하는 주기가 다릅니다. 서일본에 분포하는 겐지반딧불이의 점멸 주기는 약 2초에 1회로, 약 4초에 1회 빛나는 동일본의 겐지반딧불이보다 빠릅니다. 반딧불이는 수컷과 암컷이 서로 만나기 위해 빛을 내는데, 수컷은 날면서 빛을 내고 암컷은 지상에서 빛을 냅니다.

그런데 반딧불이는 성충뿐만 아니라 번데기와 유충도 빛을 냅니다. 알도 부화가 가까워지면 빛을 냅니다. 다만 성충이 내는 빛에 비하면 훨씬 약합니다. 수컷과 암컷이 만나지 않아도 되는 번데기와 유충은 왜 빛을 낼까요?

눈에 띄는 화려한 몸 색깔과 모양(경계색, 경고색)을 가진 동물로는 독을 가진 독사나 벌, 이상한 맛이 나는 무당벌레, 고약한 냄새를 풍기는 노린재 등이 있습니다. 눈에 띄는 색과 모양으로 먹으면 안 된다고 알리는 것입니다.

알아두면 쓸모 있는 컬러 잡학사전

반딧불이의 번데기와 유충이 빛을 내는 것도 같은 이유입 니다. 반딧불이는 독을 가진 종이 많고 냄새가 나며 맛이 없 다고 합니다. 포식 동물에게 빛으로 이 사실을 알려 습격을 당하지 않도록 스스로를 지키는 것입니다.

일본 주부대학 오바 유이치 교수의 연구 팀은 1억 년 전 반딧불이가 가진 발광 효소의 유전자 배열을 특정하여 당시 의 반딧불이가 내던 빛을 시험관 내에서 재현했습니다. 재 현된 빛깔은 짙은 초록이었습니다. 오늘날 반딧불이가 내는 빛은 종에 따라 황록, 노랑, 주황으로 다양합니다.

1억 년 전 공룡이 번성하던 백악기 시대에는 발광의 목적 이 포식자를 향한 경고였을 것입니다. 당시 반딧불이의 포식 자는 야행성 포유류와 소형 공룡이었습니다. 이들 포식 동 물에게는 밤이 되면 황록색보다 초록색이 잘 보이기 때문 에 경계를 위해서는 효율적이었을지도 모릅니다.

발광의 목적은 진화하는 동안 포식자에 대한 경고에서 수컷과 암컷의 만남으로 바뀌었습니다. 이에 맞춰 발광되는 색도 종에 따라 달라졌을 것입니다.

참고문헌
1. 이나가키 히데히로 외, 《달팽이의 진수성찬은 블록담!?》, 가도카 와학예출판, 2012
2. Y. Oba, et al., Resurrecting the ancient glow of the fireflies, Science Advances, 2020

▲▲ 왜 육지와 바다의 발광생물은 서로 다른 빛을 낼까?

반딧불이, 발광버섯, 야광충, 초롱아귀 등 빛을 내는 생물은 수만 종에 이릅니다. 이들 생물은 화학반응에 의해 발광하는 구조로 되어 있습니다. 대부분의 경우 루시페린lucierin이라는 물질이 단백질로 이루어진 루시페레이스luciferase의 도움을 받아 산소와 반응하면서 빛을 냅니다. 따라서 대부분의 발광생물은 루시페레이스와 루시페린이라는 물질을 가지고 있습니다. 그중에는 발광하는 세균을 몸 안에서 증식시켜 발광하는 생물도 있습니다.

동물이나 버섯이 빛을 내는 데에는 나름의 이유가 있습니다. 짝짓기 상대를 찾고, 먹이를 유인하여 잡아먹고, 독이 있음을 알려 방어하기 위해서입니다. 육지와 바닷속 발광생물은 빛을 내어 이루려는 목적의 효과를 높이기 위해 빛을 봐 주길 바라는 상대가 잘 볼 수 있는 빛을 내는 것입니다.

바다에서는 태양광에 포함되는 다양한 빛깔이 해수면 근처에만 존재합니다. 파장이 긴 빨강, 노랑, 초록은 물에 잘 흡수되어 바닷속 깊은 곳까지 닿지 않습니다. 수심이 깊어

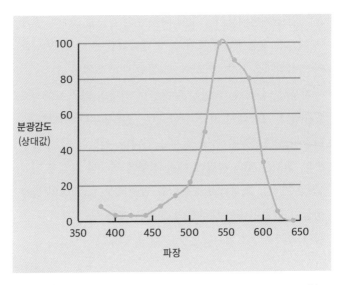

[그림 26] 암컷 겐지반딧불이는 발광하고 있는 황록색(560나노미터 부근)에 눈의 감도가 높게 나타났다.(오바 노부요시, 2002의 데이터를 참고로 저자 작성)

지면 태양 빛 중 파랑만 도달할 수 있습니다. 그곳에 사는 대부분의 동물에게 파랑 이외의 빛은 보이지 않게 됩니다. 따라서 야광충이나 초롱아귀 등 바다에 사는 대부분의 발광생물은 파랗게 빛나는 것입니다.

바다에 사는 대부분의 발광생물이 파란빛을 낸다면 육지에 사는 대부분의 발광생물은 초록빛을 냅니다. 반딧불이는 종류에 따라 다르지만 초록빛이나 노란빛을 냅니다. [그림

26]처럼 겐지반딧불이의 빛에 대한 눈의 감도를 조사한 결과에 따르면 황록색에 감도가 높게 나타났습니다. 겐지반딧불이는 자신에게 가장 잘 보이는 빛깔을 내고 있었던 겁니다.

지상에 내리쬐는 태양광은 다양한 파장의 빛을 포함하고 있습니다. 그중에서 가장 강한 빛이 초록입니다. 사람도 반딧불이도 초록빛을 가장 밝게 느낍니다. 지상에 사는 대부분의 동물은 빛의 파장에 대한 감도에 비슷한 특성을 가지고 있습니다. 그래서 반딧불이와 발광버섯 등 지상의 발광생물이 만들어내는 대부분의 빛깔은 초록 또는 초록과 파장이 가까운 노랑입니다.

참고문헌

1. 오바 노부요시, 〈반딧불이류의 빛 커뮤니케이션과 야간 조명(ホタル類の光コミュニケーションと夜間照明)〉, 환경동물곤충학회, 2002

2. 오바 유이치, 《반딧불이 빛은 수수께끼투성이(ホタルの光は、なぞだらけ)》, 구몬출판, 2013

▲▲ 해파리는 어떻게 파란빛으로
천적을 퇴치할까?

아톨라해파리는 관을 쓴 것처럼 생긴 해파리의 일종입니다. 우산 직경은 약 15센티미터이고, 짙은 보라색이나 적갈색을 띱니다. 태평양 연안의 수심 600미터 이상의 깊은 심해에 서식합니다. 태양 빛은 수심 1,000미터 정도까지는 간신히 닿습니다. 그러나 물에 잘 흡수되는 빨강은 심해까지 닿지 않아 일반적으로 심해에 서식하는 동물의 눈에는 빨강이 보이지 않습니다. 따라서 붉은색 계열은 보호색으로 작용하여 천적으로부터 몸을 숨길 수 있게 해줍니다. 심해에 사는 해파리 중에 붉은색 계열이 많은 이유가 여기에 있습니다.

아톨라해파리는 천적 물고기에게 공격을 당하면 파란빛의 점멸광으로 자신의 천적을 잡아먹는 큰 물고기를 유인합니다. 따라서 천적도 아톨라해파리에게 섣불리 접근하지 못합니다. 독이나 가시처럼 동물들이 잡아먹히지 않기 위해 구사하는 여러 가지 방어 수단 중에서도 빛으로 몸을 보호하는 방법은 어두운 심해에서만 가능합니다.

식물 중에도 천적의 천적에게 보호를 받는 방어 수단을 구사하는 종류가 있습니다. 바로 우리에게도 친숙한 양배추입니다.

교토대학 다카바야시 준지 교수의 연구 팀에 따르면 애벌레가 갉아먹은 양배추는 애벌레의 천적을 부른다고 합니다. 양배추는 배추좀나방이라는 나방의 유충이 잎을 갉아먹으면 향 물질을 방출합니다. 그 향으로 유충의 천적인 배추나비고치벌을 불러들입니다. 한편, 배추흰나비 유충이 잎을 갉아먹었을 때는 또 다른 향 물질을 방출하여 배추흰나비 유충의 천적인 배추벌레살이금좀벌을 부릅니다. 천적의 종류에 따라 어느 유충이 갉아먹었는지도 구분할 수 있습니다.

양배추의 향은 천적의 천적을 불러들일 뿐만 아니라 근처에 식해를 입지 않은 다른 양배추에게도 퍼져 나가 방어를 강화할 수 있도록 도와줍니다. 이렇게 향을 통해 곤충에게 신호를 보내고 식물끼리도 소통을 하는 것입니다. 다만 잎을 갉아먹은 것이 아닌 다른 원인으로 해를 입은 경우에는 천적을 부르는 물질을 방출하지 않습니다.

그 밖에도 약한 동물이나 식물이 강력한 천적으로부터 몸을 지키기 위해 구사하는 여러 가지 방어 수단이 있지만, 그중에서도 적의 적을 내 편으로 만드는 방법은 꽤나 현명한 아이디어입니다.

참고문헌

1. 미야케 히로시, 《최신 해파리 도감(最新クラゲ図鑑)》, 세이분도신코샤, 2013

2. 다카바야시 준지, 〈식물-식식자-포식자계의 생물간 상호작용 네트워크-현황과 해충 방제 기술의 전망-(植物—植食者—捕食者系における生物間相互作用ネットワーク—現 状と害虫防除技術への展望—)〉, 일본농약학회지, 2003

▲▲ 문어는 색깔을 구별할 수 있을까?

문어는 지능이 높다고 알려져 있습니다. 형태나 모양의 차이를 학습하고 단순한 도구를 사용할 수도 있습니다. 2010년 개최된 남아프리카공화국 월드컵에서는 파울이라는 이름을 가진 독일의 문어가 경기의 결과를 예상하여 화제가 될 정도였습니다. 문어의 눈은 사람의 눈처럼 각막, 렌즈, 망막 등을 갖춘 카메라 눈에 속합니다. 이 정교한 눈으로 미세한 것까지 볼 수 있습니다.

프롤로그에서 설명한 바와 같이 사람의 눈에는 밝은 곳에서 작용하는 시각 세포인 추상체와 어두운 곳에서 작용하는 시각 세포인 간상체가 있습니다. 추상체는 다시 3종류로 나뉘고 종류에 따라 색을 식별합니다.

문어의 눈은 사람과 구조는 비슷하지만 시각 세포가 한 종류밖에 없고 추상체와 간상체의 구별도 없습니다. 문어의 시각 세포는 주로 파란빛에 감도를 가집니다. 한 종류의 시각 세포를 가진 문어는 색을 식별할 수 없지만 명암은 구별할 수 있습니다. 우리가 흑백 영상을 볼 때와 비슷합니다.

여러분은 문어 에기[+]를 본 적이 있나요? 문어 에기는 제방이나 배 위에서 미끼를 사용하지 않고 간편하게 문어를 낚기 위한 가짜 미끼를 말합니다. 새우 모양과 무늬로 되어 있는 모형에 큰 후크와 추가 달려있습니다.

[그림 27]과 같이 노랑, 하양, 빨강, 초록, 파랑, 갈색 등 다양한 색의 문어 에기가 판매되고 있지만, 색을 식별할 수 없고 명암만 구별하는 문어 낚시에 다양한 색의 문어 에기는 필요하지 않을 것 같습니다. 다만 문어는 시력이 좋기 때문에 새우를 본뜬 형체나 모양은 중요해 보입니다. 필자는 문어 낚시를 해 본 경험이 없다 보니 장담하기는 어렵겠군요.

이처럼 문어는 색을 식별하지 못하지만 순식간에 몸의 색을 바꿀 수는 있습니다. 문어의 표피에는 색 입자로 채워진 색소포가 있습니다. 문어는 근육 세포로 색소포를 이완하고 수축하면서 몸의 색을 바꿉니다. 빨간 색소포를 이완하면 빨간색이 되고 노란 색소포를 이완하면 노란색이 됩니다.

문어가 가장 두려워하는 천적은 육식어인 곰치입니다. 전체 길이가 1미터 가까이 되는 곰치는 뱀장어처럼 몸이 가늘고, 찢어진 큰 입안에는 날카로운 이빨을 숨기고 있습니다. 문어는 몸 색깔을 바꿔 바위나 해조 등 주변의 색으로 위장하여 곰치와 같은 천적에게 들키지 않게 합니다. 색을 식별

[+] 일본에서 유래된 낚시 용어로, 나무로 만든 미끼.

할 수 없는 문어가 어떻게 주변의 색으로 위장할 수 있는지
는 의문이지만 아직까지 명확히 규명되지는 않았습니다.

참고문헌
이케다 유즈루, 《문어의 지성(タコの知性)》, 아사히신쇼, 2020

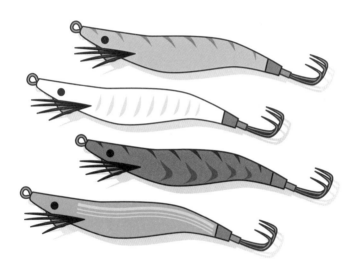

[그림 27] 다양한 색상의 문어 에기.

▲ 초록빛과 파란빛을 비춘 가자미는 왜 빨리 성장할까?

가자미와 광어는 친숙한 식재료이지만 구분하기가 쉽지 않습니다. '좌광어 우가자미'[*]라는 표현처럼 배를 밑으로 깔았을 때 광어는 눈이 왼쪽으로 쏠려 있고 가자미는 오른쪽에 붙어 있습니다. 보통의 물고기는 좌우대칭이지만 가자미와 광어는 안팎이 있고 좌우대칭도 아닙니다. 두 개의 눈이 한쪽으로 쏠려 있습니다.

신기하게도 가자미나 광어도 태어날 때는 다른 물고기들처럼 양쪽에 눈이 있습니다. 어린 가자미는 몸길이가 1센티미터 정도가 되면 한쪽 눈이 등 쪽을 지나 반대쪽으로 이동합니다. 이 변태가 끝나면 성어와 같은 형태가 됩니다. 눈이 있는 쪽은 흑갈색, 없는 쪽은 흰색입니다. 비교적 얕은 바다 밑의 모래나 진흙이 있는 곳에 서식합니다.

일본 기타사토대학의 다카하시 아키요시는 문치가자미와 광어 양식에 관한 흥미로운 실험을 실시했습니다. 실험에서

---

[*] 일명 '좌광우도', 즉 눈이 좌측에 붙으면 광어, 우측에 붙으면 도다리라는 뜻으로 알려져 있다. 도다리는 가자미과에 속한다.

는 빛의 색을 바꿔 치어를 키웠습니다. 빛은 모두 LED를 이용하였고 하양, 초록, 청록, 파랑의 경우를 비교했습니다.

60일 동안 키운 후 무게를 비교했더니 흰빛에 비해 초록, 청록, 파랑을 비춘 경우 30퍼센트가량 무게가 무거웠습니다. 즉, 빛에 의해 성장이 촉진된 것입니다. 또 다른 연구자의 실험에서도 같은 결과가 나왔습니다.

이렇게 불가사의한 현상은 왜 일어날까요? 이유는 자연 속에서 자랄 때의 빛 환경과 관련이 있어 보입니다. 가자미는 50미터보다 얕은 바다에 서식합니다. 태양 빛은 수중에서 흡수되어 깊어질수록 약해집니다. 그러나 여러 색이 합쳐져 흰빛으로 보이는 태양 빛에서 모든 색의 빛이 똑같이 약해지는 것은 아닙니다.

파장이 긴 빛인 빨강이나 노랑은 물에 잘 흡수되고 파장이 짧은 초록이나 파랑은 잘 흡수되지 않는 특성이 있습니다. 따라서 가자미와 광어가 서식하는 바다 밑은 청록이나 파랑을 띱니다. 즉, 서식하는 환경에 가까운 빛인 초록이나 청록, 파랑을 비추면 흰빛에 비해 움직임이 활발해지고 먹이도 잘 먹기 때문에 성장이 촉진되는 것입니다.

참고문헌
다카하시 아키요시, 〈빛과 성장을 연결하는 호르몬 인터페이스 탐구(光と成長をつなぐホルモン・インターフェイスの探求)〉, 비교내분비학, 2020

[그림 28] 가자미와 광어가 살고 있는 바다 밑은 청록이나 파란빛을 띤다. 따라서 초록빛이나 파란빛을 비출 때 성장이 촉진된다. 위가 광어, 아래가 가자미.

4

색에 숨겨진
식물의 지혜

✦ **동물보다 야무진 종의 보존**

▲▲ 광합성에 초록빛을 사용하면 숲은 어떤 색이 될까?

초록 잎은 500나노미터(1나노미터=10억분의 1미터) 부근의 파장(초록)은 대부분 반사하고 그 이외의 파장은 거의 흡수합니다. 500나노미터 부근의 빛이 반사되어 보는 사람의 눈에 닿아 잎이 초록으로 보이는 것입니다. 초록 잎에 포함된 엽록소는 빨강과 파랑의 빛을 흡수하고 그 에너지를 이용하여 광합성을 합니다. 500나노미터 부근의 초록빛을 반사하거나 투과하는 이유는 광합성에 그다지 필요하지 않기 때문입니다.

태양의 흰빛은 여러 개의 색이 합쳐진 것입니다. 그중에서도 초록빛이 많이 포함되어 있습니다. 우리의 눈이 초록빛에 대한 밝기의 감도가 높은 것은 태양광에 포함되는 초록빛의 비율이 높은 점과도 관련이 있다고 할 수 있습니다.

그런데 그 많은 초록빛이 광합성에는 그다지 쓰이지 않는다니 의문이 듭니다. 여기서 '그다지'라고 표현한 것은 광합성에 초록빛이 전혀 쓰이지 않는 것은 아니기 때문입니다. 초록빛의 일부는 잎에 흡수되어 광합성에 도움을 줍니다.

만일 다른 빛과 마찬가지로 광합성에 초록빛이 많이 쓰인다면 어떻게 될까요? 지금까지는 키우기에 적합하지 않았던 어두컴컴한 곳에서도 광합성 효율이 올라 식물을 키울 수 있겠지요.

물론 좋은 점만 있는 것은 아닙니다. 광합성에 초록빛이 많이 사용되면 빨강이나 파랑처럼 초록도 잎 표면에서 거의 반사되지 않게 됩니다. 자연스레 잎을 보는 우리 눈에 닿는 빛도 줄어듭니다. 결국 잎은 어두운 잿빛으로 보이게 되겠지요. 나무들도 숲도 산도 모두 잿빛이 됩니다. 그야말로 무미건조한 광경이 펼쳐지는 겁니다.

가을 단풍이 한층 아름답게 보이는 것은 단풍이 드는 나무들 주위에 단풍이 들지 않는 상록수가 있기 때문입니다. 초록 잎이 붉고 노랗게 물든 잎을 돋보이게 해서 더 선명하게 색을 드러내 줍니다. 한편, 깊은 숲속은 나뭇잎이 태양을 가려 어둑어둑합니다. 태양 빛 중에 잎을 투과하거나 잎 표면에서 반사된 빛의 극히 일부가 숲속의 지면에 닿습니다. 그런데 잎이 초록빛을 반사도 투과도 하지 않게 되면 숲속은 더 어두워지겠지요.

필자는 이따금 뒷산에 올라 초록으로 둘러싸인 길을 걷곤 합니다. 그동안 쌓인 스트레스가 자연과 접하는 동안 발산되어 상쾌한 기분이 듭니다. 빌딩가에 늘어선 초록빛 가

로수는 삭막한 도시의 풍경을 부드럽게 감싸 줍니다. 초록
빛에는 우리의 마음을 치유하는 효과가 있습니다. 나뭇잎들
이 잿빛이 아니라 초록빛이어서 그저 고마울 따름입니다.

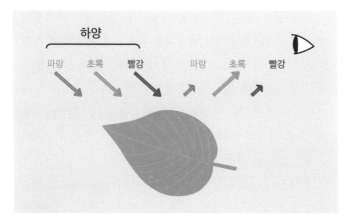

[그림 29] 잎 표면은 초록빛을 많이 반사한다.

▲ 수박 줄무늬는 왜 검은색일까?

수박의 성분은 90퍼센트가 수분이라고 알려져 있습니다. 더운 여름날에 수분을 보충하기에 최적인 과일입니다. 수박은 오이와 멜론과 같은 박과에 속하는 식물이며 원산지는 아프리카 건조 지대입니다. 품종에 따라 모양이 구형에 가까운 것과 약간 길쭉한 것, 줄무늬가 있는 것과 없는 것으로 나뉩니다. 우리가 흔히 보는 수박은 주로 구형에 검은색 줄무늬가 있는 품종입니다.

수박 줄무늬는 검게 보이지만 가까이서 자세히 보면 짙은 초록빛을 띱니다. 초록 바탕과 대비되어 실제보다 더욱 검게 보이는 것뿐입니다. 수박은 피망처럼 잎뿐만 아니라 열매도 광합성을 하여 초록빛을 띱니다. 줄무늬 부분이 짙은 초록빛을 띠는 것은 엽록소, 즉 클로로필chlorophyll이 많이 함유되어 있기 때문입니다. 줄무늬 부분에는 초록 바탕의 약 2배의 밀도로 클로로필이 함유되어 있어 활발하게 광합성이 이루어집니다.

표면에 줄무늬가 있는 과실은 많지 않습니다. 박과에 속하는 참외나 쥐참외, 옅은 줄무늬가 있는 무화과 정도입니다. 그래서 검고 투박한 모양을 가진 수박 줄무늬는 더욱 특별해 보입니다. 왜 수박에는 줄무늬가 있을까요? 수박이 특별한 줄무늬를 가지게 된 이유는 분명 유리한 점이 있기 때문입니다.

수박은 주로 새들이 삼킨 수박씨가 다른 장소에서 새똥과 함께 배설되어 분포를 확대합니다. 검은 줄무늬는 하늘을 나는 새가 수박 열매를 발견하기 쉽게 하는 효과가 있습니다. 특히 수박이 익어 갈 무렵에는 참외처럼 노랗게 되어 눈에 잘 들어옵니다. 노랑 바탕에 검정 줄무늬가 있으면 더욱 도드라져 보여 수박을 한눈에 알 수 있습니다. [그림 30]의 예시처럼 도로 표지에도 노랑과 검정의 조합이 많이 사용됩니다. 주의를 끌기 쉽고 기호가 또렷이 보이기 때문입니다.

또한, 수박에는 카로틴^{carotene}과 라이코펜이라는 색소가 함유되어 있어 열매 속이 빨간빛을 띱니다. 카로틴은 몸 상태를 정돈해 주고 라이코펜은 젊음을 유지하는 기능이 있습니다. 또한, 수분이 많아 원산지인 건조 지대에 사는 동물들에게는 매력적인 열매입니다. 열매가 갈라지면 붉은 속이 드러나 더욱 눈에 잘 띕니다. 수박씨를 멀리 운반해 주는 새들의 눈에 잘 띄기 위해 수박도 여러 방법을 짜냈다고 할 수 있습니다.

알아두면 쓸모 있는 컬러 잡학사전

[그림 30] 도로 표지에는 눈에 잘 띄는 노랑과 검정의 조합이 많이 사용된다.

▲ 잎상추는 왜 빨간빛과 파란빛을 교대로 비추면 잘 자랄까?

식물공장은 건물 안에서 빛, 온도, 이산화탄소 농도, 양분, 수분 등을 제어하여 식물을 재배하는 방식을 말합니다. 주로 잎상추와 같은 잎채소를 재배합니다. 빛의 이용 방식은 태양광을 사용하는 경우와 태양광을 전혀 사용하지 않고 인공광만을 사용하는 경우로 나뉩니다. 태양광을 사용하지 않는 방식을 '완전제어형'이라고 부르며 일반적으로 흙을 사용하지 않는 수경재배로 이루어집니다.

식물의 생육은 빛의 조사 방법에 따라 달라지는데 완전제어형에서는 주로 전기요금이 저렴한 LED를 사용합니다. LED를 사용하면 빛의 색과 조사 세기도 쉽게 바꿀 수 있습니다. 이와 관련하여 식물의 생육을 가장 원활하게 하는 빛의 조사 방법에 대한 연구가 진행되기도 했습니다. 최신 연구 결과에 따르면 잎상추는 빨간빛과 파란빛을 교대로 조사하면 잘 자라는 것으로 나타났습니다.

쇼와덴코주식회사의 오타케 노리코 연구 팀은 빛의 조건에 따라 잎상추의 생육 차이를 알아보기 위한 실험을 했습니다. 실험에 설정된 빛의 조건은 다음의 3가지입니다.

(1) LED의 빨간빛(660나노미터)과 파란빛(450나노미터)을 12시간씩 교대로 조사한다. 빨간빛의 세기는 파란빛의 3배로 한다.

(2) LED의 빨간빛과 파란빛을 섞은 빛을 24시간 조사한다. 빨간빛의 세기는 파란빛의 3배로 한다.

(3) 형광등의 흰빛

빨간빛의 강도를 파란빛의 3배로 설정한 이유는 이미 다른 실험을 통해 생육에 가장 효과적이라는 결과가 나왔기 때문입니다. 하루에 조사하는 빛의 양인 일적산광량은 세 조건 모두 동일하게 설정했습니다.

[그림 31]과 같이 씨를 뿌린 후 32일째에 무게를 재 보았더니 빨간빛과 파란빛을 교대로 조사한 경우가 빨간빛과 파란빛을 섞은 경우의 1.3배, 흰빛의 1.4배로 높았습니다. 즉, 흰빛보다는 빨간빛과 파란빛을 섞은 조건에서 잘 자라고, 빨간빛과 파란빛을 섞은 조건보다는 빨간빛과 파란빛을 교대로 조사한 조건에서 더욱 잘 자란 것입니다. 이처럼 빨간빛과 파란빛을 교대로 조사하면 전기요금을 절약하고 재배 기간을 단축할 수 있음을 알 수 있었습니다.

식물공장은 날씨에 좌우되지 않고 안정적으로 채소를 생산할 수 있습니다. 그러나 흑자 경영이 가능한 곳은 아직 한정되어 있습니다. 이러한 연구의 성과를 바탕으로 식물공장의 경영이 궤도에 올라 더욱 보급되기를 바랍니다.

참고문헌

오타케 노리코 외, 〈인공광 식물공장의 적청색 LED와 형광등 사용 시 식물 성장 및 소비전력 평가(人工光植物工場における赤青LEDと蛍光灯 使用時の植物成長および消費電力の評価)〉, 식물환경공학, 2015

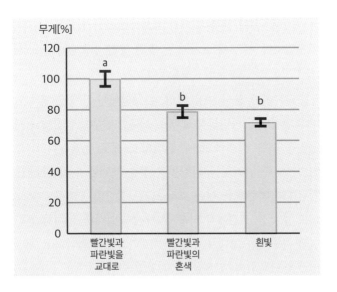

[그림 31] 빛 조건에 따른 잎상추의 생육 비교. (오타케 노리코 외)

▲ 꽃은 어떻게 색으로 자외선을 피할까?

식물은 활발한 품종 개량을 통해 더 예쁜 꽃을 피울 수 있게 되었습니다. 덕분에 우리는 크고 다채로운 색을 가진 꽃을 즐길 수 있습니다. 유전자 변형 기술로 파란 장미꽃도 만들어졌습니다. 그러나 꽃은 사람들을 즐겁게 하려고 예쁜 색을 띠는 것이 아닙니다. 꿀을 찾아오는 곤충들에게 꽃가루를 운반하도록 하기 위해 꽃의 존재를 알리는 것이 목적입니다. 그래서 대부분의 꽃들은 선명한 빨강이나 노랑처럼 눈에 띄는 색을 띱니다.

꽃이 선명한 색을 띠는 데는 또 다른 이유가 있습니다. 꽃이 빛깔을 낼 수 있는 것은 안토시아닌anthocyanin과 카로틴이라는 색소 덕분입니다. 이러한 색소는 항산화 작용을 합니다. 자외선은 사람과 마찬가지로 식물에게도 유해합니다. 이 자외선을 막아 주는 역할을 하는 것이 항산화 작용을 하는 안토시아닌과 카로틴입니다. 활성산소 자체를 제거하고 활성산소로 인한 세포 손상을 막아 줍니다. 식물은 자외선이 닿으면 꽃을 보호하기 위해 색소를 많이 만들어 냅니다. 그래서 꽃은 더 예쁘고 선명해집니다.

높은 산 위는 공기가 맑고 가시광뿐만 아니라 자외선도 많이 내리쬡니다. 고산 식물의 꽃이 더 선명한 이유가 여기에 있습니다. 그래서 온실 재배로 자란 꽃은 온실 안에 자외선의 일부가 닿지 않아 노지 재배로 자란 꽃에 비하면 선명함이 떨어집니다.

과실이 익으면 빨간빛이나 노란빛이 됩니다. 익은 과일의 빛을 상징하는 빨강과 노랑도 안토시아닌과 카로틴이 작용한 결과입니다. 과실이 눈에 잘 띄는 색으로 물드는 것은 과실을 먹이로 삼는 동물이 잘 찾을 수 있도록 돕기 위해서입니다. 과실은 동물 덕분에 멀리까지 씨를 운반할 수 있게 되어 분포를 넓힐 수 있는 것입니다. 과실이 색을 띠는 이유는 또 있습니다. 꽃과 마찬가지로 자외선으로부터 씨를 지키는 역할도 합니다. 그래서 햇볕에 닿은 과일은 색이 선명합니다.

사과는 9월이 되면 잎따기 작업을 합니다. 사과 열매가 잎으로 그늘이 지면 그 부분만 색이 잘 물들지 않기 때문입니다. 그늘을 만든 잎을 제거하고 해가 잘 들게 하면 빨갛고 맛있어 보이는 색으로 물듭니다. 봉지로 덮어 둔 것도 이 시기가 되면 걷어 냅니다. 빛이 닿는 것이 사과를 빨간빛으로 물들이는 중요한 조건이기 때문입니다.

체내에서 발생한 활성산소는 노화나 동맥경화 등의 원인이 됩니다. 항산화 작용을 하는 물질은 활성산소의 작용을 억제해 주므로 건강 유지에 도움이 된다고 알려져 있습니다. 되도록 항산화 작용을 하는 색소가 많이 포함된 선명한 빛깔의 채소와 과일을 먹도록 합시다.

[그림 32] 빛이 닿지 않으면 붉게 물들지 않아 사과에 글자를 넣을 수도 있다.
(사진 출처: Aflo)

▲ 관엽식물을 실내에서 키우려면 빛이 얼마나 필요할까?

　　　　　필자는 취미로 집 거실과 대학 연구실에서 서너 개의 관엽식물을 키우고 있습니다. 파키라, 포토스, 코르딜리네(행운목), 노리나(덕구리난) 등 흔히 볼 수 있는 종류입니다. 성가신 걸 싫어하는 성격이지만 물 주기 등의 보살핌이 힘들지는 않습니다. 식물들을 가만히 바라보고 있으면 신기하게도 마음이 안정됩니다.

　이와 관련하여 관엽식물 등의 초록빛이 스트레스 완화에 도움이 된다는 많은 보고가 있었습니다. 관엽식물이 있는 공간과 없는 공간에서 받는 스트레스를 비교한 실험(이와사키 외, 2006) 결과도 있습니다. 실험에서는 10분 동안 계산 문제를 풀게 한 후 스트레스 비교를 위해 코르티솔cortisol이라는 호르몬의 분비량을 측정했습니다. 코르티솔은 스트레스에 노출되었을 때 분비가 촉진됩니다. 결과에 따르면 관엽식물이 있을 경우 스트레스를 받은 직후뿐만 아니라 이후에도 스트레스를 줄이는 효과가 있었습니다.

　관엽식물은 스트레스를 줄이고 치유 효과를 높일 뿐만

아니라 실내 장식으로도 활용할 수 있습니다. 관엽식물 하나로 방의 분위기를 바꿀 수 있습니다. 다만 관엽식물을 실내에서 키우려면 충분한 빛이 필요합니다.

식물은 빛 에너지를 흡수하고 물과 이산화탄소를 이용해 광합성 작용을 하여 당류 등의 유기화합물을 합성합니다. 이와 함께 식물은 호흡을 통해 이산화탄소를 방출합니다(이 점은 의외로 오해하는 사람도 있는 것 같습니다). 식물이 생명을 유지하고 성장하기 위해서는 전체적으로 볼 때 광합성으로 흡수하는 이산화탄소의 양이 호흡으로 방출하는 이산화탄소의 양보다 많아져야 합니다.

광합성의 양은 빛의 세기와 함께 증가합니다. 광합성으로 흡수하는 이산화탄소의 양과 호흡으로 방출하는 이산화탄소의 양이 동등해질 때의 빛의 세기를 '광보상점'이라고 합니다.

실내에서 재배되는 관엽식물의 광보상점은 식물 종류에 따라 다르지만 조도 300~1,000럭스 정도이고 평균 500럭스입니다. 즉, 실내에서 관엽식물을 키울 때는 평균 500럭스 이상을 확보할 필요가 있습니다. 심야에 조명을 끄고 어둡게 할 경우에는 500럭스보다 밝게 해야 합니다. 조명을 끄는 시간에 따라서도 다르지만 600~700럭스 정도가 기준입니다. 다만 주간에 창문으로 밝은 빛이 들어오고 조도가

1,000럭스 이상이면 밤의 조명 빛은 낮아도 문제가 없습니다. 직사 일광이 닿지 않아도 대부분의 경우 주간에는 창가의 조도가 1,000럭스를 넘기 때문입니다.

일반 가정의 거실을 기준으로 야간의 조도는 100~200럭스 정도입니다. 주간에 창문으로 빛이 들어오지 않는 경우나 창문에서 떨어진 곳에서 키우는 경우는 관엽식물용으로 추가 조명이 필요합니다. 이 경우 식물 가까이에 조명을 두고 비춥니다. 60와트 상당의 백열전구 램프로 30~40센티미터 거리에서 비추면 500럭스 이상이 됩니다. 지향성 스포트라이트는 더 멀리서 비추어도 500럭스 이상을 확보할 수 있습니다.

다만 광보상점 500럭스는 어디까지나 평균적인 관엽식물의 경우이고 광보상점이 높은 식물은 이보다 높은 조도가 필요하므로 주의해야 합니다. 관엽식물 주변의 조도가 어느 정도인지를 알고 싶을 때는 조도를 측정하면 됩니다. 조도를 측정할 때는 조도계를 이용하는데, 관엽식물의 경우 정밀도가 높지 않은 간이형이라도 충분히 측정이 가능합니다.

▲ 나무의 단면은 왜 두 가지 색일까?

[그림 33]은 삼나무의 단면입니다. 중심부는 어두운 갈색, 주변부는 밝은 베이지색으로 뚜렷하게 두 가지 색으로 나뉘어 있습니다. 갈색 부분을 심재, 베이지색 부분을 변재라고 합니다. 왜 중심부와 주변부가 두 가지 색으로 나뉘어 있을까요?

줄기의 맨 바깥쪽에는 나무껍질이 있습니다. 나무껍질을 벗기면 표면이 미끈미끈합니다. 나무껍질과 목부 사이의 미끈미끈한 부분인 형성층에서 새로운 세포가 만들어집니다. 줄기는 바깥쪽으로 굵어지므로 중심부는 오래된 세포로, 주변부는 새로운 세포로 이루어져 있습니다. 큰 나무는 오래된 중심부가 썩어서 텅 빈 경우도 있습니다.

나무의 줄기를 구성하는 세포는 모두 살아있다고 생각하기 쉽지만 그렇지 않습니다. 대부분은 죽은 세포입니다. 단면의 색 차이는 살아있는 세포가 있느냐 없느냐의 차이입니다. 주변부에는 일부 살아있는 세포(유세포)가 있지만 중앙부의 색이 짙은 부분은 모두 죽은 세포입니다.

나무는 주변부의 유세포가 죽을 때 쌓아 둔 전분 등의 영

4장 색에 숨겨진 식물의 지혜

양분으로 방부 효과가 있는 화학물질을 만듭니다. 중앙의 짙은 부분이 바로 이 화학물질의 색입니다. 죽은 세포가 곧바로 썩어 텅 비게 되면 강도를 유지할 수 없게 되어 나무가 크게 자랄 수 없습니다. 따라서 세포가 죽기 전에 썩지 않도록 조치를 취하는 겁니다. 목재의 심재가 변재보다 잘 썩지 않는 것은 이 화학물질 덕분입니다.

심재에도 변재에도 각각 나이테가 있습니다. 색이 옅은 테가 봄부터 여름에 자란 부분(조재)이고 색이 짙은 테가 여름부터 가을에 자란 부분(만재)입니다. 겨울에는 성장하지 않습니다.

그루터기의 나이테를 보면 방향을 알 수 있다고 합니다. 나이테의 폭이 넓은 쪽이 남쪽, 좁은 쪽이 북쪽이라는 이야기도 있지만 이는 잘못된 정보입니다. 나이테의 폭에는 편차가 있어서 넓은 곳과 좁은 곳이 있지만 나이테 폭의 넓이와 방향은 아무런 관련이 없습니다. 남쪽이 좁고 북쪽이 넓은 경우도 있습니다. 물론 남쪽의 경사면에 심어진 나무는 해가 잘 들기 때문에 북쪽의 경사면에 심어진 나무보다 빨리 자랍니다. 그러나 한 그루의 나무에서 줄기의 남쪽이 더 잘 자라는 경우는 없습니다.

나이테의 존재는 확실하게 알아도 나무의 단면이 두 가지 색으로 나뉘어 있다는 점은 잘 몰랐을 수도 있습니다. 아무릎지도 않게 보고 넘겼던 나이테의 색에도 나무가 튼튼하게 자라기 위한 비밀이 숨어 있었던 겁니다.

참고문헌
하야시 토모유키, 《눈이 번쩍 뜨이는 나무 이야기(目からウロコの木のはなし)》, 기호도출판, 2020

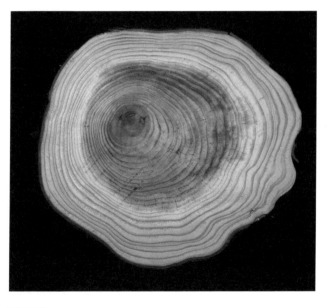

[그림 33] 삼나무의 단면. 중심부의 어두운 갈색 부분이 심재, 주변부의 밝은 베이지색 부분이 변재. (사진 출처: Aflo)

▲ 씨앗은 왜 빨간빛을 감지할까?

종자는 온도, 물, 빛 등의 조건이 갖추어졌을 때 발아합니다. 빛의 작용으로 발아가 촉진되는 종자를 광발아종자, 발아가 빛으로 억제되는 종자를 암발아종자라고 부릅니다. 광발아종자에는 양상추, 금어초, 셀러리, 담배 등이 있고 암발아종자에는 엉겅퀴, 호박, 시클라멘, 개양귀비 등이 있습니다.

빛은 파장에 따라 색이 달라집니다. 가시광 안에서는 빨간빛이 가장 파장이 깁니다. 빨간빛의 파장은 620~780나노미터(1나노미터=10억분의 1미터)입니다. 광발아종자는 빨간빛 중에서 660나노미터 부근의 비교적 짧은 파장의 빛을 받으면 발아가 촉진되고 반대로 730나노미터 부근의 비교적 긴 파장의 빛을 받으면 촉진 효과가 사라집니다. 종자 안에 있는 배아는 떡잎, 배축⁺, 유근⁺⁺으로 구성됩니다. 광발아종자인 양상추가 빨간빛을 감지하는 조직은 떡잎과 유근 사이에 있는 배축에 있습니다. 같은 빨간빛인데도 파장의 길이에 따라 발아가 촉진되거나 멈추는 이유는 무엇일까요?

⁺ 종자가 발아하였을 때 줄기가 되는 부분.

⁺⁺ 종자가 발아하였을 때 뿌리가 되는 부분.

660나노미터 부근의 빛은 잎에 흡수되어 광합성에 이용되지만 730나노미터 부근의 빛은 잎을 투과하여 광합성에 쓰이지 않습니다. 따라서 식물들이 무성한 잎 아래쪽에서는 660나노미터의 빛의 비율은 적어지고 730나노미터의 빛의 비율은 높아집니다. 660나노미터의 빛에 비해 730나노미터의 빛의 비율이 높아진다는 것은 그 부분이 다른 식물의 잎으로 그늘이 졌다는 것을 의미합니다. 만일 그런 곳에서 발아한다면 광합성이 충분히 이루어지지 않아 잘 자랄 수 없게 됩니다. 즉, 식물은 발아한 후에 순조롭게 자랄 수 있는 환경인지 아닌지를 미리 판단하고 온도, 물, 빛 등의 조건이 갖춰졌을 때 발아합니다. 양상추 종자는 최적의 환경에서 발아해야 생존에 유리하다는 사실을 알고 있었던 겁니다.

1951년 일본 지바현 게미가와에 위치한 도쿄대학 농학부의 후생농장에서는 2000년 이상 된 것으로 추정되는 이탄층에서 발견된 연꽃 씨앗이 발아하여 꽃을 피운 적이 있었습니다. 이 씨앗은 2000년 동안 조건이 갖추어지기를 계속해서 기다렸던 겁니다. 씨앗은 빨간빛, 그것도 파장의 차이를 보고 발아할지 말지를 결정합니다. 딱딱한 종피 안쪽에 있는 배축이 사람의 눈에는 거의 같은 빨강으로 보이는 빛을 그것도 파장에 따라 구별한다니 참으로 신통합니다.

참고문헌
도요마스 토모노부, 〈광발아의 호르몬 제어(光発芽のホルモン制御)〉,
화학과 생물, 2006

[그림 34] 2000년의 잠에서 깨어난 연꽃은 발견자의 이름을 따서 '오가하스'
라고 불린다. 지바시의 지바공원에 이식되었다. (지바현 지바공원의 오
가하스, 사진 출처: Aflo)

▲ 식물은 어떻게 빨간빛을 느낄까?

　　　　　　　싹을 틔운 식물이 성장하려면 적절한 온도와 물, 충분한 빛이 필요합니다. 광합성을 통해 성장하는 식물은 햇볕이 닿도록 가지나 잎이 겹치지 않게 배치합니다. 옆이나 위에 다른 식물이 있을 때는 그늘이 지지 않도록 빨리 키를 뻗어 먼저 크려고 합니다.

　그런데 옆이나 위에 다른 식물이 있다는 것을 어떻게 알까요? 다른 식물로 그늘이 졌는지는 빛의 세기가 아니라 빨간빛의 비율로 판단합니다. 빨갛게 보이는 빛의 파장은 620~780나노미터입니다. 이 중 660나노미터 부근의 빛은 적색광, 730나노미터 부근의 빛은 원적색광이라고 합니다. 그리고 식물은 적색광을 많이 흡수하여 광합성을 합니다.

　식물의 세포 중에는 빨간빛을 감지하는 '피토크로뮴phyto chromium'이라는 색소 단백질이 있습니다. 피토크로뮴에는 적색광을 감지하는 'Pr형'과 원적색광을 감지하는 'Pfr형'이 있습니다. 태양광에는 원적색광보다 적색광이 많이 포함되어 있기 때문에 양지에서는 Pr형의 응답이 Pfr형보다 커집니다. 하지만 다른 식물의 잎 아래에 있으면 그 잎이 먼저 적색광을 흡수하여 광합성을 하므로 적색광보다 원적색광이 많아집니다. 즉, 다른 식물에 의해 그늘이 지면 Pfr형의 응답이 Pr형보다 커집니다. 이런 식으로 적색광과 원적색광을 비교하여 다른 식물로 그늘이 지는지를 판단하는 겁니다.

발아한 장소가 양지일 경우에는 키를 무리하게 뻗지 않고 줄기를 굵고 튼튼하게 합니다. 그러나 발아한 장소가 그늘이라면 가만히 있다가는 충분히 빛을 받을 수 없어 언젠가는 시들어 버립니다. 뿌리로 대지에 고정된 식물은 해가 닿는 곳으로 이동할 수 없습니다. 그곳에서 어떻게든 해가 닿도록 하려면 키를 키울 수밖에 없습니다. 위로 가면 해가 닿는다는 것을 알고 있는 겁니다.

들판의 식물들은 언뜻 보면 한가로이 자라 우아하게 꽃을 피운 것처럼 보입니다. 그러나 발아한 곳에서 크게 성장할 수 있는 식물은 드뭅니다. 실제로는 다른 식물들과 빛을 둘러싼 치열한 다툼을 벌여서 이긴 자만이 꽃을 피우고 열매를 맺어 자손을 남길 수 있습니다. 그러기 위해 식물들은 늘 빨간빛을 바라보며 양지인지 그늘인지를 판단합니다.

참고문헌
다키자와 미나코, 《식물은 느끼며 살고 있다(植物は感じて生きている)》, 화학동인, 2008

▲ 열대 지방에는 왜 크고 빨간 꽃이 많을까?

열대와 아열대 지방에 피는 꽃은 히비스커스처럼 크고 빨간 꽃이 많습니다. 빨강은 초록과 반대색이라서 초록 잎 가운데 피는 빨간 꽃은 우리 눈에 선명하고 특별하게 보입니다. 반면 온대 지방의 자연 속에 피는 꽃은 아무래도 작고, 흰색이나 노란색이 많습니다. 열대 지방에는 왜 크고 빨간 꽃이 많을까요?

식물이 꽃을 피우는 이유는 꿀을 찾아 날아온 곤충과 새들이 꽃가루를 옮겨 수분을 돕게 하기 위해서입니다. 온대 지방에서 이 역할을 하는 대표적인 곤충은 꿀벌입니다. 곤충이 수분을 돕는 꽃을 '충매화'라고 합니다. 꿀벌은 사람에게 보이지 않는 자외선을 볼 수 있는 대신 빨간빛이 보이지 않습니다. 그래서 온대 지방의 자연 속에 피는 꽃 중에는 빨강이 적습니다.

그런데 생화 시장에 가 보면 빨간 꽃을 많이 볼 수 있습니다. 사람들은 감정을 고양시키는 효과가 있는 빨간 꽃을 선호하는 경향이 있습니다. 그러다 보니 빨간 꽃이 많이 키워지고 팔리는 것입니다.

더운 곳에서는 꿀벌을 비롯한 대부분의 곤충들의 활동이 줄어듭니다. 꿀벌이 활발히 꽃을 찾아와 꿀을 빨아 먹는 시기는 기온이 20~25도일 때입니다. 그래서 대부분의 꽃은 봄에서 초여름에 걸쳐 핍니다.

열대 지방은 기온이 높아 곤충의 활동이 둔해지기 때문에 주로 작은 새가 수분을 도와줍니다. 새가 수분을 돕는 꽃을 '조매화'라고 합니다. 새가 꿀을 빨아 먹을 수 있도록 꽃은 크기를 키우고 꿀도 많이 나오게 합니다. 새에게는 꿀벌이 볼 수 없는 빨간빛도 보이기 때문에 열대 지방에는 크고 빨간 꽃이 많습니다.

꽃의 꿀을 빨아 먹는 새 중에는 벌새가 유명합니다. 1초 동안 50회 이상 날갯짓을 하고 공중에서 정지한 채 긴 부리로 꽃의 꿀을 빨아 먹습니다. 이때 부리에 묻힌 꽃가루가 다음에 찾은 꽃의 암꽃술에 붙어 수분이 이루어집니다. 벌새라는 이름은 '윙' 하는 날갯짓 소리가 벌의 날갯짓 소리와 닮았다는 의미에서 붙여졌습니다. 벌새는 새 중에서도 몸집이 가장 작은데, 그중에서도 쿠바에 사는 콩벌새는 몸길이가 약 5센티미터, 무게는 단 2그램밖에 되지 않는다고 합니다. 10원짜리 동전 2개 정도의 무게입니다.

온대 지방에도 조매화는 핍니다. 조매화 중에는 빨강이나 주황이 많습니다. 곤충의 활동이 줄어드는 겨울에서 이른

봄에 걸쳐 피는 동백꽃에는 동박새와 같은 새들이 꿀을 찾
아옵니다.

[그림 35] 히비스커스는 열대 지방에 피는 대표적인 꽃이다. (사진 출처: Aflo)

▲ 하얀 무를 익히면 왜 투명해질까?

곱게 갈린 새하얀 빙수에 달콤한 시럽을 뿌려 입 안에 넣으면 얼음이 부드럽게 녹아내립니다. 찌는 듯한 더운 여름날에 카페에서 먹는 빙수만큼 좋은 것도 없습니다. 투명한 얼음을 갈아 빙수를 만들면 하얗게 보입니다. 카페의 대형 기계로 갈면 얼음은 더 곱게 갈립니다. 곱게 갈릴수록 흰빛이 강해져 눈처럼 새하얘집니다. 투명한 달걀흰자도 거품을 내어 머랭을 만들면 하얘집니다. 원래 투명한 것은 왜 하얘질까요?

얼음을 곱게 갈면 얼음 사이에 공기가 들어갑니다. 그리고 얼음 표면에서 빛의 반사가 반복되어 여러 방향으로 빛이 반사됩니다. 이를 난반사라고 합니다. 난반사된 빛의 색은 하얗습니다. 하얀 종이도 표면에서 빛이 대부분 흡수되지 않고 난반사를 거치기 때문에 하얗게 보입니다. 만일 종이 표면이 닿은 빛의 절반을 흡수하고 나머지만 난반사한다면 종이 색은 회색으로 보일 것입니다. 머랭도 거품을 내는 동안 생긴 공기층에서 빛이 난반사되어 하얗게 보입니다.

무는 달걀, 곤약과 함께 어묵탕의 재료로 인기가 많습니다. 긴 시간을 들여 푹 끓이는 동안 육수가 스며든 무의 색은 끓이기 전과는 완전히 다른 반투명이 됩니다. 하얀 무를 익히면 투명하게 되는 현상에는 빙수나 머랭과는 정반대의 이유가 있습니다.

무가 하얀 것은 흰 색소를 가지고 있어서가 아닙니다. 현미경으로 무의 단면을 보면 세포와 세포 사이에 공기층이 많이 채워져 있는 것을 알 수 있습니다. 이 공기층에서 빛의 난반사가 일어나 하얗게 보이는 겁니다. 무는 빛을 거의 흡수하지 않고 공기층에서 빛을 난반사합니다. 따라서 이 공기층을 없애면 무는 더 이상 하얗게 보이지 않게 됩니다.

무를 익히면 투명해지는 현상은 무의 조직이 무너져 부드러워지고 공기층에 육수(수분)가 스며들기 때문입니다. 무 안에서 난반사되는 빛이 줄어들고 투과하는 빛이 늘어나므로 투명하게 보이는 겁니다. 무를 갈 때도 마찬가지로 투명해집니다. 무가 갈릴 때 세포가 부서지면서 공기층이 사라지기 때문입니다.

이 밖에도 원래는 투명한데 그 안에 공기가 채워져 있어서 하얗게 보이는 경우가 많습니다. 북극곰의 털도 하얗게 보입니다. 털 자체는 투명한 재질이지만, 빨대처럼 안이 텅 비어 있고 그 안에 공기가 들어차 있기 때문입니다.

▲ 수중에서 광합성을 하는 해조는 왜 초록색이 아닐까?

식물은 태양광 에너지를 흡수하고 광합성을 통해 이산화탄소와 물을 이용하여 유기화합물과 산소를 만듭니다. 광합성은 육상 식물만 한다고 생각하기 쉽지만 지구상에서 이루어지는 광합성의 절반 이상은 플랑크톤과 해조 등에 의해 수중에서 이루어집니다.

광합성을 하는 육상 식물의 잎은 발아와 단풍 시기를 제외하면 대부분 초록빛을 띱니다. 광합성에 관여하는 색소인 클로로필이 태양광 중에서 주로 빨강과 파랑을 흡수하고 초록을 반사하기 때문에 초록빛으로 보이는 것입니다.

수중에서는 초록색 이외에도 갈색이나 홍색 등 다양한 색을 띤 해조가 광합성을 합니다. 초록색을 띠는 파래나 참홑파래 등은 녹조류, 갈색을 띠는 다시마나 미역 등은 갈조류, 홍색을 띠는 김이나 우뭇가사리 등은 홍조류입니다.

태양으로부터 닿는 빛은 수심이 깊어질수록 해수에 의해 흡수되고 산란되어 서서히 약해집니다. 특히 수심이 깊어짐에 따라 파장이 긴 빛인 빨강이나 노랑은 물에 흡수되므로 빛의 성분은 파장이 짧은 초록과 파랑이 많아집니다.

물의 투명도에 따라 다르지만 해조는 보통 수심 50미터 정도까지 분포합니다. 더 깊은 곳에는 광합성에 필요한 빛이 충분히 닿지 않기 때문입니다.

해조의 색은 수면에 가까운 것부터 초록색, 갈색, 홍색을 띱니다. 이렇게 색이 다른 이유는 광합성 색소의 종류가 다르기 때문입니다. 빨간빛과 파란빛을 흡수하는 초록색 클로로필과 함께, 갈조류는 주황색 광합성 색소인 푸코잔틴 fucoxanthin(카로티노이드의 일종), 홍조류는 빨간색 광합성 색소인 피코에리트린phycoerythrin(피코빌린의 일종)을 함유하고 있습니다. 이 해조들은 수심이 깊어 초록빛과 파란빛이 많은 곳에서 푸코잔틴이나 피코에리트린의 작용으로 초록빛까지 흡수하며 광합성을 합니다.

갈조류와 홍조류는 초록색 클로로필보다 푸코잔틴, 피코에리트린의 양이 많아 황갈색이나 붉은색으로 보입니다. 그리고 수심이 깊어질수록 붉은빛이 짙어집니다. 이처럼 바닷속 식물은 각자 서식하는 빛 환경에 맞춰 효율적으로 광합성을 합니다.

참고문헌
히로타 노조무, 〈해조의 색(海藻の色)〉, 조리학과, 1980

5

색의 과학이
사회를
바꿔나간다

✦ **삶은 더욱 풍요로워진다**

▲ 오로라의 오묘한 색은 어떻게 생길까?

북극권에서는 밤이 되면 이따금 띠처럼 길게 뻗은 오로라가 나타납니다. 지위도 국가에서는 오로라가 거의 발생하지 않기 때문에 필자 역시 오로라를 실제로 본 적은 없습니다. 하지만 텔레비전 화면으로만 보아도 오로라의 광경은 환상적인 분위기를 자아냅니다. 오로라의 오묘한 색은 어떻게 생기는 것일까요?

먼저 오로라가 어떻게 발생하는지 살펴봅시다. 오로라의 발생은 태양풍과 관련이 있습니다. 태양에서 지구에 닿는 것 중에는 빛과 적외선 등과 같은 전자파 외에도 태양풍이라는 것이 있습니다. 태양풍은 맹렬한 속도로 불며 속도는 초속 수백 킬로미터에 이릅니다. 태양풍은 주로 플라스마로 불리는 양자와 전자로 이루어져 있습니다.

지구에 접근한 혜성의 사진을 보면 긴 꼬리를 가진 것이 있습니다. 이 꼬리는 혜성의 진행 방향과 반대쪽에 있다고 생각하기 쉽지만 실은 그렇지 않습니다. 항상 태양과 반대 방향으로 뻗어 있습니다. 꼬리는 혜성 표면에서 증발한 물질이 태양풍에 의해 휩쓸리며 형성됩니다.

[그림 36] 오로라는 태양의 활동 상태에 따라 발생한다. (사진 출처: Aflo)

　지구를 향해 불어치는 태양풍은 대부분 지구에 직접 닿지 않습니다. 지구의 자기장이 장벽 역할을 하여 태양풍이 지구 표면에 닿는 것을 막아 주기 때문입니다. 자기장이 없으면 태양풍이 바다와 대기를 집어삼켜 지구에는 생명이 존재할 수 없게 된다고 합니다. 그러나 태양의 활동이 활발해져 태양풍이 강해지면 보통은 자기장에 가로막혀 닿지 않는 태양풍의 일부가 지구의 뒤쪽을 돌아 북극과 남극의 고층 대기에 도달합니다. 이 플라스마가 대기의 산소 원자에 고속으로 충돌하면 산소 원자가 초록빛을 내는데, 이것이 북극권에서 자주 관찰되는 오로라입니다.

　네온사인의 유리로 되어 있는 네온관 안에는 네온가스가 들어 있습니다. 그 안에서 방전이 이루어지면 전자가 네온 원자에 충돌하여 빨간빛을 냅니다. 가스의 종류에 따라서도 발광하는 색이 달라집니다. 네온가스 대신 아르곤가스를 넣으면 파란빛을 냅니다. 오로라의 발광은 이와 같은 원리입니다.

　전자가 산소 원자에 충돌할 때는 초록빛을 냅니다. 플라스마의 에너지가 낮을 때는 초록빛보다 에너지가 낮은 빨간빛을 냅니다. 강한 에너지를 가진 플라스마가 질소 원자에 부딪히면 파란빛이 됩니다. 오로라의 색이 초록뿐만 아니라 빨갛거나 파랗기도 한 것은 이러한 이유 때문입니다.

참고문헌
요시노 레이유키, 〈네온사인의 발광 원리와 기구 재료(ネオンサインの発光原理と器具材料)〉, 조명학회지, 2002

▲ 세계지도를 칠하려면 몇 개의 색이 필요할까?

어릴 적 세계지도를 처음 봤을 때, 지도 중앙에 칠해진 우리나라의 크기가 너무 작아 실망하면서도 넓디넓은 세계에 놀란 기억이 있습니다. 벽에 붙여진 세계지도는 나라별로 색이 칠해져 있어 국경이 또렷해 보이기 때문에 나라의 크기를 한눈에 알 수 있습니다. 국경을 굵은 선으로 표시해도 인접한 나라가 다른 색으로 칠해져 구분되어 있지 않으면 한 나라의 범위를 파악하기에는 조금 시간이 걸립니다. 특히 유럽처럼 크고 작은 나라가 복잡하게 국경을 맞대고 있으면 혼란은 가중됩니다.

그런데 인접한 나라끼리 색이 겹치지 않도록 세계지도를 칠하려면 최소 몇 가지 색이 필요할까요? 많은 나라가 국경을 맞대고 있는 경우, 아무리 복잡하게 맞닿아 있어도 4색만 있으면 인접한 나라끼리 겹치지 않고 다른 색으로 칠하여 구분할 수 있습니다. 이를 '4색 정리'라고 합니다. 지도를 제작하는 업체들은 예전부터 4색이면 충분하다는 것을 경험적으로 알고 있었습니다.

[그림 37]에 단순한 예시가 있습니다. 이 예시에서도 실제

로 시험해 보면 알 수 있지만 3색으로는 인접한 것과 색이 겹치지 않도록 칠할 수가 없습니다. 그림처럼 최소한 4색이 필요합니다. 지도가 구면에 그려져 있어도 4색으로만 칠해서 구분할 수 있습니다. 다만 도넛 형태의 표면은 7색이 필요하다고 합니다.

언뜻 간단해 보이는 문제라도 막상 증명하려면 터무니없이 어려운 경우가 있습니다. 그중 하나가 4색 정리입니다. 1850년대 초에 이 문제가 제기된 후 많은 수학자가 증명을 시도했습니다. 5색이면 충분함을 나타내는 증명은 비교적 간단해서 1890년대에 증명되었습니다. 그러나 4색이면 충분함을 나타내는 증명은 난항을 거듭하여 증명되기까지 100여 년의 시간이 걸렸습니다.

이 문제는 1976년에 미국 일리노이대학의 수학자인 케네스 아펠과 볼프강 하켄 교수가 증명했습니다. 인접 패턴을 모두 추출하여 4색으로 칠해서 구분할 수 있음을 컴퓨터를 이용하여 계산한 것입니다. 이 계산에는 무려 1,000시간 이상이 걸렸다고 합니다. 그러나 컴퓨터의 힘을 빌린 해결일 뿐 수학적으로 명쾌하게 증명된 것은 아닙니다.

아직 해결되지 않은 다른 수학 문제와 마찬가지로 4색 정리를 증명하는 일이 과연 얼마나 의미가 있는지는 알 수 없습니다. 증명이 된다면 세상에 어떤 도움이 될까요? 단순히

호기심만을 충족시키는 걸까요?

   많은 수학자들이 긴 시간을 들여 도전했지만 대부분 좌절했습니다. 하지만 컴퓨터를 사용한 증명에 만족하지 못하고 사람의 손을 사용한 정통적인 방법으로 증명하려는 시도는 지금도 이루어지고 있습니다.

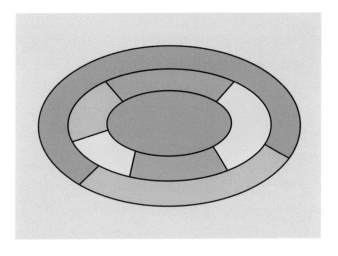

[그림 37] 인접한 것끼리 색이 겹치지 않도록 칠하려면 최소 4색이 필요하다.

▲▲ 산호초 해변의 바다는 왜 에메랄드색일까?

　　　　　30여 년 전 국립연구소에 근무하던 시절, 업무차 오키나와의 시모지섬을 방문한 적이 있습니다. 미야코섬[+] 근처에 위치하는 시모지섬까지는 나하 공항에서 하루에 한 번 정기편이 운항되었습니다. 공항에 착륙하기 직전 비행기 창문에서 내려다본 바다색은 지금도 잊을 수 없을 만큼 아름다웠습니다. 해변 근처는 투명한 초록빛이 도는 연한 물빛이지만 먼바다로 향할수록 서서히 푸른빛이 짙어집니다. 필자가 태어나고 자란 지역에서는 한 번도 볼 수 없었던 바다색이었습니다.

열대와 아열대에 있는 산호초 해변의 바다는 투명한 청록색이나 푸른색을 띠며 사람들을 사로잡습니다. 같은 바다라도 장소마다 물 빛깔이 상당히 다릅니다. 또 같은 장소라도 그날의 날씨와 시간대에 따라 색이 달라집니다. 바다는 어째서 이렇게 다양한 색으로 보일까요?

바다가 푸르게 보이는 이유를 파란 하늘이 해수면에 비치기 때문이라든가 하늘과 마찬가지로 물은 파장이 짧은 파

[+] 오키나와섬 남서쪽에 위치한 미야코 제도의 본섬.

　　　　　알아두면 쓸모 있는 컬러 잡학사전

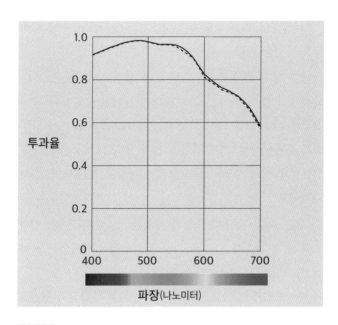

[그림 38] 플로리다 모리슨 스프링스의 물 투과율(IES Lighting Handbook 5th 데이터를 참고로 저자 작성).

란빛을 많이 산란하기 때문이라고 말하는 사람들도 있지만 모두 정확한 답은 아닙니다. 바다로부터 사람의 눈에 닿는 빛은 다음의 3가지가 합쳐진 것입니다.

(1) 태양과 하늘의 빛이 해수면에서 반사된 것

(2) 물에 입사된 빛이 수중에서 산란된 것

(3) 물에 입사된 빛이 해저에서 반사된 것

왜 바다의 색이 파랗게 보이는지를 생각하기 전에 물속을 나아가는 빛의 특성에 대해 살펴봅시다.

태양 빛은 하얗게 보이지만 실은 빨강, 주황, 노랑, 초록, 파랑 등의 빛이 섞여 있습니다. 대기 중에서는 파장이 긴 빨간빛은 투과가 잘 되고 파장이 짧은 파란빛은 도중에 산란되기 쉽습니다. 그래서 석양은 붉게 보이고, 하늘은 산란된 빛으로 파랗게 보입니다. 그럼 수중에서는 어떤 빛이 잘 투과될까요?

[그림 39]와 같이 대기 중과는 정반대로 수중에서는 파란빛과 초록빛은 물을 잘 투과하고 주황빛과 빨간빛은 물에 잘 흡수됩니다. 투명도가 높은 수중이라도 수심이 깊어질수록 태양으로부터의 빛은 약해집니다. 특히 주황빛과 빨간빛이 약해져서 빛의 색은 흰색에서 청록이나 파랑으로 바뀝니다. 바닷속을 촬영한 영상이나 사진도 전체적으로 청록색이나 푸른빛이 도는 것을 흔히 볼 수 있습니다.

산호 체내에는 갈충조라는 식물 플랑크톤이 공생합니다. 산호는 광합성을 하는 갈충조로부터 영양분을 얻습니다. 산호는 갈충조가 광합성을 잘 할 수 있도록 태양 빛이 많이 닿는 얕고 맑은 물에 서식합니다. 그러면서 해저에 석회질 산호 껍질이 부서져 생긴 흰 모래가 깔리고, 이 흰 모래가 빛을 많이 반사할 수 있습니다.

수면

해저

[그림 39] 수면에서 입사한 빛의 색 분포 예시. 투명도가 높은 물속에서는 특히 주황과 빨강이 약해지고 빛깔은 흰색에서 청록과 파랑으로 변해 간다.

물이 맑고 해저에 흰 모래가 있으면 해저에 닿은 파란빛과 청록색 빛이 반사되어 돌아옵니다. 수심이 얕으면 해저에서 반사된 빛이 우리 눈에 많이 닿을 뿐만 아니라, 여기에 수중에서 산란된 빛과 수면에서 반사된 빛이 합쳐져 밝은 파랑 또는 청록색을 띠는 것입니다. 흔히 코발트블루나 에메랄드그린 등으로 불리는 색이 됩니다.

이러한 색을 띠려면 투명도 높은 해수, 얕은 수심, 흰 모래가 필요합니다. 해변에 가깝고 특히 수심이 얕으면 대부분 수중에서 빛이 흡수되거나 산란되지 않으므로 해저의 모래 색이 그대로 비쳐 보입니다. 해안에서 떨어져 수심이 서서히 깊어지면 해저의 반사광이 줄고 수중에서 산란된 파란빛이 증가하여 색감이 짙어집니다.

물이 맑아도 수심이 깊어지면 빛은 해저까지 닿지 않게 됩니다. 바다의 색은 주로 수중에서 산란된 빛과 수면에서

[그림 40] 물이 맑고 해저에 흰 모래가 있으면 해저에 닿은 파란빛과 청록색 빛이 반사되어 돌아온다. 수심이 얕으면 해저에서 반사된 빛이 우리 눈에 많이 닿을 뿐만 아니라, 여기에 수중에서 산란된 빛과 수면에서 반사된 빛이 합쳐져 밝은 파랑 또는 청록색을 띤다. 수심이 깊어질수록 색감은 짙어진다. (해변과 야자나무, 버드 아일랜드, 사진 출처: Aflo)

알아두면 쓸모 있는 컬러 잡학사전

반사된 빛이 합쳐져 만들어집니다. 이 경우 날씨나 시각에 따라 바다의 색이 크게 달라집니다. 일반적으로 맑은 날은 짙은 푸른빛(감색)으로 보입니다. 흐린 날은 수중을 나아가는 빛의 양이 줄어 산란되어 돌아오는 빛이 적어지기 때문에 회색이나 납빛처럼 어둡게 가라앉은 색이 됩니다.

또, 수면에 가까운 수중에 불순물이 많으면 불순물로 산란된 빛이 우리 눈에 닿기 때문에 색이 달라집니다. 황하의 하구처럼 진흙으로 물이 탁하면 바다가 누렇게 보입니다. '황해'라는 이름은 이러한 의미에서 붙여졌습니다.

플랑크톤이 많으면 플랑크톤의 종류에 따라서도 바다의 색이 초록빛이나 빨간빛으로 보입니다. 아라비아반도와 아프리카 사이에 있는 바다에는 빨간빛을 띤 플랑크톤인 남조류가 많이 살고 있어 붉게 보이기 때문에 '홍해'라는 이름이 붙여졌다고 합니다.

일본의 도쿄만에는 생활 하수 등이 흘러들어가 이를 영양원으로 삼는 식물 플랑크톤이 대량으로 발생합니다. 도쿄만의 물이 투명도가 낮고 짙은 초록과 같은 잿빛을 띠는 것은 대량의 플랑크톤에 의해 빨강과 파랑이 흡수되고 일부 초록빛이 반사되기 때문입니다.

▲▲ 멀리 있는 산은 왜 희부옇게 보일까?

우리의 눈은 무의식중에 먼 곳에 있는 것은 멀리 있는 것처럼 보이게 하고 가까운 곳에 있는 것은 가까이 있는 것처럼 보이게 합니다. 물론 당연하게 들릴 수도 있습니다. 거리감을 느낄 수 있는 이유는 두 개의 눈이 머리 정면에 붙어 있기 때문입니다. 그런데 한쪽 눈으로 보아도 먼 곳의 산은 멀리 있는 것처럼 보입니다.

여러분도 멀리 있는 것, 산이나 구름, 빌딩을 한번 올려다보세요. 잘 관찰해 보면 멀리 있는 것은 가까이 있는 것과 달리 보이지 않나요? 예를 들어 색이 조금 연하거나 윤곽선이 흐릿해 보이지 않나요? 다시 말해 다르게 보이기 때문에 멀리 있는 것처럼 느끼는 겁니다.

봄철에는 안개가 자주 낍니다. 겨울 동안 뚜렷하게 보이던 먼 곳의 산들이 봄이 되어 따뜻해지면 흐릿해집니다. 안개는 부드러운 것으로 싸여 있는 듯한 인상을 불러일으키고 추위가 풀려 매서운 겨울의 끝이 왔음을 느끼게 해줍니다.

풍경화를 그릴 때 산의 색을 옅게 칠하고 윤곽을 흐릿하게 하면 멀리 있는 것처럼 보입니다. 색을 짙게 해서 뚜렷하

알아두면 쓸모 있는 컬러 잡학사전

[그림 41] 안개가 끼거나 먼지가 많은 날은 멀리 있는 빌딩일수록 색이 옅어져 희미하게 보인다.

게 그리면 가까이 있는 것처럼 보입니다. 잎이 무성한 산은 짙은 초록빛을 띠지만 거리가 멀어질수록 초록빛은 희미해지고 흰빛을 더해 갑니다. 왜 멀리 보이는 산의 색은 희미하게 보일까요?

[그림 42]와 같이 공기 중에 떠다니는 작은 물방울이나 먼지에 빛이 닿아 산란이 일어나면 그 산란광이 눈에 닿아 산이 희뿌옇게 보입니다. 그러면 마치 얇은 구름을 통해 산을 보는 것과 같은 상태가 됩니다.

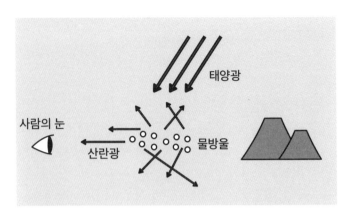

　빛이 산란되어 하얗게 보이는 현상은 구름이나 부서진 물보라가 하얗게 보이는 것처럼 파장의 길이가 다른 여러 가지 색의 빛이 포함되어 있기 때문입니다. 즉, 먼 곳의 산일수록 우리의 눈과 산 사이에 많은 공기층이 있고 그 산란광을 통해 바라보기 때문에 산은 그만큼 흐릿하게 보이는 것입니다.

　또 공기가 맑은 날은 멀리 있는 산이 잘 보이지만 안개가 끼거나 먼지가 많은 날은 멀리 있는 산이 흰색 하늘의 배경에 녹아들어 잘 보이지 않게 됩니다. 대기 중에 떠다니는 물방울이나 먼지가 많아져 빛의 산란이 증가하기 때문입니다.

▲▲ 공장의 굴뚝은 왜 빨간색과 흰색으로 칠할까?

　　　　　　임해 공업 지역에 가면 빨간색과 흰색으로 칠해진 여러 개의 굴뚝이 눈길을 끕니다. 굴뚝은 공업 지대를 떠올리게 하는 상징물입니다. 멀리서 빨간색과 흰색으로 칠해진 굴뚝이 보이면 그곳에 많은 공장이 있을 거라는 상상을 하게 됩니다.

　높이 60미터를 넘는 굴뚝과 철탑에는 빨간색과 흰색 줄무늬가 칠해져 있습니다. 공장의 굴뚝처럼 가늘고 긴 물체나 송전선 철탑과 같은 골조 구조물은 항공기의 파일럿에게 잘 보이지 않아 충돌의 우려가 있기 때문입니다. 이러한 장애물이 잘 보이도록 빨간색과 흰색으로 된 7단 줄무늬를 칠하는 것이 법률로 의무화되어 있습니다. 최상단과 최하단은 빨간색으로 정해져 있습니다.

　이 빨간색과 흰색으로 칠해진 줄무늬를 '항공장애 주간 표지'라고 합니다. 빨간색은 순수한 빨강이 아니라 노랑이 약간 섞인 빨간색(먼셀 표색계의 색상은 10R)입니다. 항공장애 주간표지는 왜 빨간색과 흰색이 적합할까요?

　빨간색은 눈에 잘 띄는 색인 만큼 발견하기 쉽다는 점을 이유로 들 수 있습니다. 비행 고도가 낮을 때는 굴뚝의 배경이 수평선 가까이의 하늘이 됩니다. 비행 고도가 높아도 계절에 따라서는 설원이 배경이 될 수도 있습니다. 이러한 배경은 밝은 흰색이거나 흰색에 가깝습니다. 따라서 이때는 빨간색 부분의 도색과 명도 대비가 커져 식별이 용이해집니다.

비행 고도가 높을 때는 배경이 지면이 됩니다. 비행 고도가 낮아도 지형에 따라서는 산 등이 배경이 될 수도 있습니다. 이러한 배경은 명도가 낮은 어두운색입니다. 이때는 흰색 도장 부분과 대비가 커져 식별이 용이해집니다.

명도가 낮은 색과 명도가 높은 색이 조합을 이룬 표식은 어떠한 배경에서도 식별이 용이합니다. 이러한 이유로 항공장애 주간표지는 빨간색과 흰색으로 결정된 것입니다.

최근 급격하게 증가하고 있는 풍력발전기는 태양전지와 함께 재생에너지 생산 방법으로 기대를 모으고 있습니다. 설치 장소가 한정되어 있어 해양에 설치되는 사례가 증가하고 있으며 대형화도 진행되고 있습니다. 대형으로 설치하면 효율이 높아지기 때문에 높이가 200미터를 넘는 것도 설계되고 있습니다.

풍력발전기의 높이는 풍차 날개의 끝이 가장 위로 올라왔을 때의 높이를 가리킵니다. 풍력발전기도 60미터를 넘으면 비행 중인 항공기(특히 헬리콥터)의 파일럿에게 잘 보이지 않을 위험이 있어서 도색이 의무입니다. 풍력발전기는 굴뚝이나 철탑보다는 잘 보이기 때문에 7단 줄무늬 대신 풍차의 선단부와 폴의 최상부에 붙어 있는 발전기를 빨갛게 칠합니다. 눈에 잘 띄지 않아 자세히 보지 않으면 모르고 지나칠 수도 있습니다.

[그림 43] 풍력발전기는 7단 줄무늬 대신 풍차 선단부와 폴의 최상부에 붙어 있는 발전기를 빨갛게 칠한다.

▲▲ 고층 빌딩 옥상의 등은
왜 빨갛게 깜박일까?

        도시에는 고층 빌딩과 고층 아파트가 많습니다. 한밤에 그 빌딩들을 올려다보면 옥상에서 빨갛게 점멸하는 등불이 눈길을 끕니다. 도심의 밤을 상징하듯 빛나는 이 등불을 '항공장애등'이라고 합니다. 반딧불이처럼 천천히 점멸을 반복하는 항공장애등은 눈에 적당한 자극을 주어 편안함까지 느끼게 합니다. 이 등불의 존재는 알아도 어떤 목적으로 점등하는지를 아는 사람은 많지 않습니다.

야간에 헬리콥터나 비행기가 고층 빌딩의 존재를 알아차리지 못하고 충돌하는 사고를 방지하기 위해 항공법이라는 법률로 항공장애등의 설치가 정해져 있습니다. 60미터 이상의 빌딩에는 점멸하지 않는 빨간 등불의 설치가 의무화되어 있습니다. 150미터 이상의 고층 빌딩에는 점멸하면서 강한 빛을 내는 빨간 등불을 설치해야 합니다. 같은 이유로 높이 60미터 이상의 철탑, 굴뚝, 풍력발전기 등에도 설치되어 있습니다.

헬리콥터나 비행기는 바로 가까이까지 접근한 뒤에 건물을 발견하면 피할 수가 없습니다. 차가 갑자기 멈출 수 없는

알아두면 쓸모 있는 컬러 잡학사전

것과 같습니다. 따라서 야간에도 파일럿이 발견하기 쉽도록 눈에 잘 띄는 빨간 등불로 되어 있는 것입니다. 점멸하면 더욱 눈에 잘 띄기 때문에 위험성이 높은 초고층 빌딩에는 강한 빛으로 점멸하는 등불을 설치합니다. 다소 날씨가 좋지 않을 때도 1,500미터 이상의 거리에서 보이도록 빛의 세기도 정해져 있습니다. 안전을 확보할 수 있는 거리에서 빌딩을 발견해야 피할 수 있기 때문입니다.

항공장애등은 국제 기준에 근거하여 설치되어 있기 때문에 세계 각국에서 볼 수 있습니다. 빌딩의 오너 입장에서는 항공장애등을 설치할 때의 비용뿐만 아니라 유지보수에도 비용이 들기 때문에 부담이 만만치 않습니다. 지금까지는 광원으로 백열전구가 사용되었으나 서서히 LED로 전환되는 추세입니다. 전구 교체 횟수를 대폭으로 줄일 수 있게 되어 유지보수 비용도 경감할 수 있게 되었습니다. 또한, 빌딩이 밀집된 일부 장소에서는 항공장애등을 설치하지 않아도 됩니다.

실제로 헬리콥터나 비행기가 빌딩에 충돌하는 일은 거의 없습니다. 따라서 운항의 안전성을 확보하여 기준을 완화하고 설치 수를 줄여 나가는 것이 바람직합니다.

🔺 왜 빨간색은 다른 색보다 빨리 바랠까?

도로 표지에 사용되는 색은 빨강, 파랑, 노랑, 검정입니다. 주의 깊게 보면 알아차릴 수 있는 것도 무심코 지나치면 알아차리지 못하는 경우가 제법 있습니다. 오래된 도로 표지는 색이 바래서 그림이 선명하지 않습니다. 그중에서도 가장 퇴색이 심한 색이 빨강입니다. 무심코 지나치면 알아차리지 못하는 것 중에 하나입니다. 왜 다른 색보다 빨강은 잘 퇴색될까요?

빛은 파동의 성질과 입자의 성질을 함께 지니고 있습니다. 다시 말해 빛은 빗방울처럼 작은 입자가 모인 것이라고 할 수 있습니다(빗방울보다 훨씬 더 작은 입자이지만). 이 입자를 광자라고 합니다. 광자 하나하나는 각각 에너지를 가지고 있습니다. 다만 광자가 가지는 에너지는 모두 같지 않습니다. 빨간빛과 노란빛을 만드는 광자가 가지는 에너지는 작고 파란빛과 자외선이 가지는 에너지는 큽니다.

도로 표지는 매일 태양에 노출되어 있습니다. 태양의 흰빛은 빨강, 노랑, 초록, 파랑 등의 빛과 자외선, 적외선이 합쳐진 것입니다. 표지의 표면에 칠해진 도료에 빛과 자외선이

알아두면 쓸모 있는 컬러 잡학사전

닿아 일부가 흡수되면 광자의 에너지에 의해 도료 안에서 화학반응이 일어납니다. 이 과정에서 도료에 변화가 일어나 색이 바랩니다. 이것이 퇴색의 원인이 됩니다. 특히 광자가 가지는 에너지가 작은 빛인 빨강이나 노랑을 도료가 흡수하면 큰 화학반응이 일어나지 않지만 광자가 가지는 에너지가 큰 빛인 파랑이나 자외선을 흡수하면 퇴색이 진행됩니다.

빨간색 도료는 빨강을 반사하고 파랑과 자외선을 흡수합니다. 이렇게 흡수된 파랑과 자외선의 광자는 높은 에너지를 가졌기 때문에 빨간색 도료의 퇴색을 진행시킵니다. 반대로 파란색 도료는 파랑과 자외선을 반사하고 빨강과 노랑을 흡수합니다. 흡수된 빨강과 노랑의 광자는 에너지가 작기 때문에 파란색 도료는 잘 퇴색되지 않습니다. 이러한 특성이 파란색보다 빨간색을 빨리 퇴색시키는 겁니다.

여기서 한 가지 의문이 듭니다. 검은색 도료는 모든 색과 자외선을 흡수하는데, 잘 퇴색되지 않습니다. 왜일까요? 검은색 도료의 성분은 카본입니다. 카본은 안정된 물질로, 파랑과 자외선의 광자가 가지는 큰 에너지로도 화학반응이 잘 일어나지 않습니다.

작업 현장 등에서 자주 사용되는 방수포는 파란색입니다. 초기에는 파란색 이외의 색도 사용되었습니다. 그런데 지금처럼 파란색이 일반적으로 사용되게 된 이유는 자외선으로 인한 노화에 강하기 때문입니다. 옥외에 설치하는 간판이나 안내 표지 등도 중요한 정보를 알리는 부분에는 파랑이나 검정을 사용하면 좋습니다. 오래되어도 필요한 정보는 남게 되므로 다시 만드는 횟수를 줄일 수 있습니다.

[그림 44] 파랑보다 빨강이 빨리 변색되고 퇴색된다. (사진 출처: Aflo)

알아두면 쓸모 있는 컬러 잡학사전

▲ 왜 청색 LED 없이는 백색 LED도 만들 수 없을까?

LED를 사용하여 백색 조명광을 만드는 가장 일반적인 방법 중 하나는 청색 LED와 황색 형광체를 조합하는 방법입니다. 청색 LED에서 발광되는 청색광의 일부를 황색 형광체라는 분자에 붙여 노란빛을 만들어 내고 파란빛과 노란빛을 섞어 백색을 만들어 내는 것입니다.

형광체에는 빛의 색을 바꾸는 기능이 있어 파장이 짧은 빛을 파장이 긴 빛으로 바꿀 수 있습니다. 따라서 파장이 짧은 파랑에서 파장이 긴 초록, 노랑, 빨강으로 빛을 변환시킬 수 있습니다. 그러나 초록, 노랑, 빨강에서 파장이 짧은 파랑으로 변환시킬 수는 없습니다. 즉, 청색을 발광하는 LED가 없으면 형광체를 사용해도 흰색을 만들 수 없는 것입니다. 청색 LED가 개발되기 전까지는 순수한 초록색 LED도 없었기 때문에 황록색이 사용되었습니다. 청색 LED가 개발되고 나서야 이를 개량하여 초록색 LED가 만들어진 것입니다.

[그림 45]의 (a)는 청색 LED에서 방출되는 빛의 분포를 나타내고 (b)는 형광체로 변환된 빛의 분포를 나타냅니다. 형광체가 만들어 내는 빛의 색은 초록, 노랑, 빨강입니다. (c)는 청

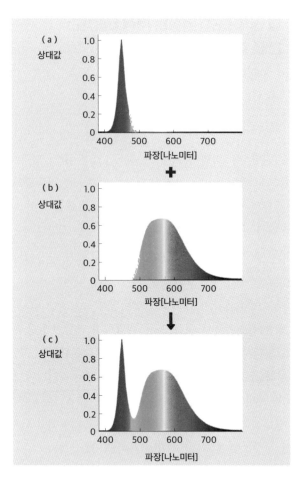

[그림 45] 백색 LED의 빛 분포. (a)는 청색 LED에서 방출되는 빛의 분포, (b)는 형광체로 변환된 빛의 분포를 나타낸다. 형광체가 만들어 내는 빛의 색은 초록, 노랑, 빨강이다. (c)는 청색 LED에서 방출된 파란빛과 형광체로 변환된 빛이 섞여 만들어지는 백색광의 빛 분포를 나타낸다.

알아두면 쓸모 있는 컬러 잡학사전

색 LED에서 방출된 파란빛과 형광체로 변환시킨 빛이 섞여 만들어지는 백색광의 빛 분포를 나타냅니다.

이 그림을 보면 백색 LED 빛에는 백열전구에 비해 빨간빛이 적다는 것을 알 수 있습니다. 따라서 백열전구와 달리 빨간색이 선명하게 보이지 않기 때문에 식탁 조명으로는 적합하지 않습니다. 그래서 최근에는 빨간빛을 많이 만들어 내는 형광체를 추가하여 빨강이 선명하게 보이도록 하는 LED 전구도 출시되었습니다. 이러한 타입의 LED 전구라면 식탁 조명으로 사용하기에도 적합하겠지요.

LED 조명은 백열전구나 형광등에 비해 전기를 많이 사용하지 않고 수명도 길다고 알려져 있습니다. 그 밖에도 다음과 같은 특성이 있습니다.

① 파장이 짧은 자외선이 그림이나 사진 등을 비추면 색이 바래기 쉽습니다. LED 조명은 자외선을 거의 포함하지 않으므로 퇴색을 잘 일으키지 않습니다.

② 벌레는 자외선에 대한 눈의 감도가 높아서 자외선이 있는 곳에 모여드는 성질이 있습니다. LED 조명은 자외선을 거의 포함하지 않으므로 벌레가 잘 모이지 않습니다.

③ 형광등은 유해한 수은을 사용합니다. 수은을 사용하지 않는 LED 조명은 친환경 광원입니다.

④ 형광등은 스위치를 켠 후 밝아질 때까지 시간이 조금 걸리지만 LED 조명은 즉시 밝아집니다.

🔺 왜 월식 때는 달이 붉어질까?

　　　　　태양, 달, 지구의 순으로 일직선상에 배열될 때 달 그림자가 태양을 가리는 현상을 '개기일식'이라고 합니다. 개기일식이 일어나면 태양이 완전히 숨어 버립니다. 반대로 태양, 지구, 달의 순으로 일직선상에 배열될 때 지구 그림자가 달을 가리는 현상을 '개기월식'이라고 합니다. 개기월식이 일어나도 지구에서는 달이 보입니다. 다만 이제껏 보던 노란빛이 도는 하얀 달이 아니라 붉고 어두운 달을 볼 수 있습니다. 왜 개기월식인데 달이 보일까요? 게다가 달이 붉게 보이는 이유는 무엇일까요?

　그 이유는 지구 주위에 대기층이 있기 때문입니다. 달은 태양 빛을 반사해서 빛납니다. 태양 빛에는 빨강, 노랑, 초록, 파랑 등 여러 색의 빛이 포함되어 있습니다. 태양 빛이 지구 주위의 대기층을 통과할 때 파장이 짧은 파랑이나 초록은 도중에 산란되기 쉬운 반면 파장이 긴 빨강은 잘 산란되지 않고 통과됩니다. 이 빨간빛이 대기 중에서 굴절되어 지구의 그림자에 돌아 들어가 달을 비춥니다. 이때 빨간빛을 받은 달이 빨간빛을 반사하여 붉게 보이는 겁니다. 반대로 개기일식에서는 태양의 빨간빛이 굴절되어 보이는 일은 일어나지 않습니다. 그림자를 만드는 달에는 대기가 없어 빨간빛이 돌아 들어갈 수 없기 때문입니다.

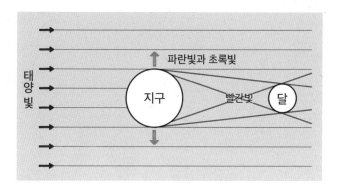

[그림 46] 개기월식의 모습

맺음말

물의 입자인 물방울은 투명합니다. 작은 물방울을 많이 모아 하늘에 띄우면 흰 구름이 됩니다. 구름이 석양에 붉게 물들면 내일 날씨는 맑음입니다. 구름이 검게 변하면 비가 내릴 수도 있습니다.

비가 갠 후 하늘에 뜬 물방울에 태양 빛이 닿으면 일곱 색깔 무지개가 나타납니다. 운이 좋으면 무지개 바깥으로 어렴풋이 또 하나의 무지개가 보일 때도 있습니다. 이를 쌍무지개라고 합니다. 무지개는 가장 안쪽이 보랏빛 파랑이고 가장 바깥쪽이 빨강입니다. 쌍무지개는 반대로 가장 안쪽이 빨강이고 가장 바깥쪽이 보랏빛 파랑입니다.

하늘에 뜬 물방울이 구름으로 보일지 무지개를 만들어 낼지는 물방울 크기에 따라 달라집니다. 구름을 만드는 물방울 크기는 대략 0.001~0.01밀리미터로 매우 작은 입자입니다. 무지개를 만드는 물방울은 이보다 훨씬 커서 대략 1밀리미터입니다.

하늘에 떠다니는 다 같은 투명한 물방울이지만 때에 따라 다양한 색을 만들어 냅니다. 마찬가지로 투명한 눈물도 당시의 감정에 따라 다양한 색이 느껴집니다. 결국은 색도 감정도 뇌가 만들어 낸 것이지만, 결과물이 빚어내는 오묘함이 있습니다.

빛의 유무와 세기만 감지할 수 있었던 눈은 5억 년 전 캄브리아기에 비로소 형태를 인지하는 눈으로 진화했습니다. 눈은 육식동물이 사냥감을 발견하는 데에 유리하게 작용했습니다. 먹히는 쪽에게도 적을 재빨리 발견하고 도망갈 수 있도록 지대한 도움을 주었습니다. 먹고 먹히는 관계 속에서 눈은 급속도로 진화를 이루어 냈습니다. 형태만 식별하던 눈이 드디어 색까지 식별할 수 있는 눈으로 진화한 것입니다. 형태뿐만 아니라 색까지 식별할 수 있는 눈으로 동물들은 사냥감과 적을 더 빨리 발견할 수 있게 되었습니다.

색을 식별할 수 있는 눈의 발달에 따라 동물은 눈에 잘 띄지 않는 색, 반대로 경계하도록 유도하는 색을 입게 되었습니다. 스스로 움직일 수 없는 식물도 색을 정교하게 사용하여 동물을 유인하고 수분을 돕게 하여 종자를 멀리까지 운반합니다. 이처럼 동물과 식물이 생존하고 자손을 남기는 데에 색은 큰 역할을 합니다.

색을 잘 활용하는 것은 생존에 유리한 능력입니다. 더 나아가 색은 사람들이 즐길 수 있는 대상이 되었습니다. 이를테면 색을 사용하여 그림을 그리고 그 그림들은 사람들에게 감동을 줍니다. 때로는 옷과 같은 주변의 다채로운 빛깔이 생활을 변화시키고 마음의 여유를 주기도 합니다.

생존하고 자손을 남기는 데에 중요한 역할을 했던 색의 의미에 새로운 가치가 더해진 것입니다. 다른 동물들도 색을 즐길 수 있는지는 알 수 없지만, 아마도 사람만이 유일하게 색을 즐길 수 있지 않을까요?

이리쿠라 다카시

알아두면 쓸모 있는 컬러 잡학사전

익숙한 색에 숨은 과학 이야기

초판 발행 2023년 3월 27일
펴낸곳 유엑스리뷰
발행인 현호영
지은이 이리쿠라 다카시
옮긴이 안선주
편 집 황현아
디자인 오미인
주 소 서울시 마포구 백범로 35, 서강대학교 곤자가홀 1층
팩 스 070.8224.4322
이메일 uxreviewkorea@gmail.com

ISBN   979-11-92143-87-3

SHUJUTSU WO SURU GEKAI WA NAZE HAKUI WO KINAINOKA?
written by Takashi Irikura.
Copyright © 2022 by Takashi Irikura. All rights reserved.
Originally published in Japan by Nikkei Business Publications, Inc.
Korean translation rights arranged with Nikkei Business Publications, Inc. through
through Eric Yang Agency, Inc.

Interior Illustration
福士統子 © Noriko Fukushi